天井等の非構造材の落下に対する安全対策指針・同解説

Guidelines for safety measures against accidental fall of ceilings and other non-structural components

日本建築学会

ご案内
本書の著作権・出版権は（一社）日本建築学会にあります．本書より著書・論文等への引用・転載にあたっては必ず本会の許諾を得てください．
Ⓡ〈学術著作権協会委託出版物〉
本書の無断複写は，著作権法上での例外を除き禁じられています．本書を複写される場合は，学術著作権協会（03-3475-5618）の許諾を受けてください．

一般社団法人　日本建築学会

序

1．はじめに

　安全であるはずの建築物が突如凶器と化し，建物内部で多くの人命が危険にさらされる．

　天井等の非構造材の落下事故は建築物のシェルターとしての機能をまったく無にしてしまう．このような事故は過去にも頻繁に報告されてきた．1995年1月の阪神・淡路大震災の調査報告（建築編-3）でも吊り天井等の非構造材の落下被害を報告，その危険性を指摘している．しかし，根本的な対策に至ることなく迎えた2011年3月11日の東日本大震災では，非構造材の落下，特におびただしい件数の吊り天井の落下事故が広域にわたって発生，多くの人命を傷つける結果となった．これを受け本会に「非構造材の安全性評価及び落下事故防止に関する特別調査委員会」が発足，天井等の非構造材落下事故の防止と解消を目指して本質的かつ有効な発信を行うべく活動を行ってきた．本指針および解説は，特別調査委員会メンバーの知見と活動成果に基づき，現時点での最も望ましい考え方と対策を広く建築関係者に発信することを目的としている．

　天井を始めとする非構造材の落下事故の問題点は，

1．建物内部で多くの人命が危険にさらされる．
2．建築空間の機能が長期間にわたって損なわれ，防災拠点や避難所等の重要社会機能，事業継続性等の経済活動，文化活動等へ与える影響も大きい．
3．地震時だけでなく平時にも発生する．
4．地震時の被害は構造被害に比してより低い震度で，かつ広域で発生する．

等である．さらに，その対策に関する現状の問題点は下記のような様々な観点から列挙される．

1．高所設置の天井材の安全性および危険性を判断する適切な評価法がない．
2．既存天井等への対策法と具体例が乏しい．
3．仕上げ材の設置位置，形態，材質を決定するのは多くの場合，意匠設計者であるが，意匠設計者の安全に対する問題意識の啓発が極端に遅れている．
4．典型的な「非構造材」にもかかわらず「構造材」と同じ方法で補強しようとする傾向がある．
5．音楽ホールのように重量天井等が必要な場合の確実な人命保護の方法が提示されていない．
6．落下事故発生後に「原状復旧」が優先されることが多く，再発を招いている．
7．仕上げ材の防火要求のため，安価で重い不燃材が不用意に高所に設置される傾向がある．
8．仕上げ材の耐用年数は設定されないまま供用されるため，目視点検などでは劣化や損傷の確実な把握は困難であるにも拘らず，管理者側はそのまま長年使い続けようとすることが多い．

等々である．

本指針では，非構造材の中でも特に高所大面積に設置されることが多く，損傷落下時の影響の大きい「天井材」に主に着目し，可能であればその周辺の仕上げ材や設備機器にも言及するというスタンスをとっている．そのうえで，これらの問題の本質を見極め，基本的な概念を整理することに最初の重点を置いている．

　本指針で最も基本とする考えは「確実な人命保護の実現」である．天井材等の非構造材の落下事故対策が遅々として進まなかった理由のひとつは，確実な「人命保護」と，本来必要度合いの異なる「機能維持」が混同されてきた点にある．本書では，高所設置の天井等の非構造材に対しては「硬く・強く・重く」から「軽く・柔らかく」へと発想を変えることにより，確実な人命保護が実現でき，多くの問題点が無理なく解決できることを示している．さらに人命保護を確保したうえで，必要に応じて行う「機能維持」の方法についても述べている．地震力に対する機能維持法の一つである「耐震補強」に関しても，最新の知見に基づいた考え方を示している．基本に立ち返った「適材適所」の考え方により，設計者から利用者まで建築にかかわるすべての人々が，今後の安全安心な建築空間の姿を共有することを目指している．

　一方で本書は既存の旧態とした規基準類との整合性に引っ張られることのないように配慮している．実務上，現行規基準等との関係を記述する必要のある場合でも，それらを参考程度に引用するにとどめており，既存の規基準類を学ぶためのテキストではないことを読者には了解いただきたい．

2．背　　　景

　建築空間には元来，シェルターとしての機能が期待されており，構造材は，重力を始めとする様々な力学的外乱に対して建築物の力学的な安全性を実現する．この安全性を実現するために，構造材には材料品質，設計から施工まで慎重に監理実現される体制が整えられている．これに対して，非構造材は快適性や利便性などの機能を実現するために，構造躯体の中に作り込まれていくものである．特に，天井を始めとする仕上げ材は，建物利用者に最も近い位置で，美観や快適性に関連する様々な機能を実現するために使用される．建築の内面をくまなく覆う場合も多く，施工時には大面積にわたる複雑な造作を短時間に美しく完成させることが求められる．その結果，宿命的に施工の簡便性が要求される．

　このように，構造材と，天井等の非構造材はまったく期待される機能も設計施工の状況も異なるものである．しかし，構造によって実現されているこの安全性能を天井材等の仕上げ材や非構造材の落下事故によって低下させてしまうことは必ず避けなくてはならない．特に，

　1．大勢の人が集まる，2．高所，3．大面積，
という3つの条件のそろった場所に設置された天井は，落下事故が発生した場合に人命に危害を及ぼす潜在的な危険性が非常に高いことから，格段の注意を必要とする．

　屋内空間に存在する非構造材として他に設備機器等があり重量物が多いが，これらは屋内空間に「点状」（機器）や「線状」（配管・配線）に分布するため，落下防止ワイヤーなどを用いて比較的明

快に落下防止を施すことができる．一方，天井材などの仕上げ材は「面」として連続的な広がりをもって存在するため，落下現象を制御するには特に注意が必要となる．

この様な対比の中で，天井等の仕上げ材のもつ大きな特長は，特別な場合を除いて「軽量柔軟化が可能である」ということである．軽量化によって重力や地震力の影響を格段に減らすことができるだけでなく，柔軟な材料を用いることで建物への変形追従性が上がり，また，万が一の落下時にも人体に危害を及ぼす可能性を大幅に低減することができる．このような利点を活かすことなく，やみくもに耐震補強等を行えば，安価な天井材を支えるために，高価で複雑な下地材を大量に用いるという本末転倒が発生する．下地材と設備器機との干渉は不可避となり，天井全体はいたずらに重たくなり，さらに地震力を呼び込むことになる．

非構造材の建築全体での位置付けとバランスを正しく把らえ，適材適所の発想で賢明な材料選択を行うことで，より安全でかつ快適な空間の構築につなげて行くことが可能となるのである．

3．本書の構成

本書は指針編，解説編，工法および事例の紹介編，付録編の 4 部からなっている．

指針編では，天井等非構造材に要求される性能を「人命保護」と「機能維持」の 2 つに分けて提示している．特に，確実な「人命保護」の実現が常に最優先でなければならない，というのが本指針の核心であり，大原則である．

指針編では，これに基づいてさらに，設計の進め方，関係者の役割，その他の重要事項と課題について簡潔に述べている．解説編では上記の指針の大原則に基づいて，より具体的な例を示しながら詳細に解説している．工法および事例の紹介編では，実際の人命保護に対応する工法や機能維持に対応する工法について，多くの事例を紹介している．

表 1．人命保護と機能維持の考え方

性　能	人命保護	機能維持
要求性能の特徴	常に確実に実現すべき性能	「人命保護」を確実に実現したうえで施設ごとに発注者と設計・施工者が合議し，外乱レベルと維持すべき機能を個別に設定し実現する性能
実現方針	落下現象の制御（重力対策）	着目する外乱や維持すべき機能に対応した損傷制御
実現の具体的方法	安全性評価法の活用 軽量柔軟な天井材の採用，直天井化 フェイルセーフの活用 準構造の活用 さらに多くの選択肢…	水平力：耐震化，制振化等， 劣化：湿度水分対策，防錆処理，微生物対策，動植物侵入対策等 風圧：圧力変動対策，下地補強等 振動：防振処理等 維持点検方法を含め多くの選択肢…

本書には最後に付録編として,「過去の非構造材の落下被害」,2011年3月の被害実態把握のため特別調査委員会で行った「東日本大震災における天井被害アンケート結果」の概要報告および吊り天井工法の例を収めている.

4. まとめ

本指針では,天井材等の落下による被害の解消を主眼としている.考え方の基本となるのは,確実な「人命保護」の実現であり,このために「人命保護」と「機能維持」の優先度の異なる基本概念を分かりやすく分けて説明している.非構造材,特に天井等の仕上げ材は内部空間の利用者に最も近いところにあるため,これらの損傷落下は利用者の身の安全に直結する.人命保護を確実に実現するためには,平時にも非常時にもこれらによって人命に危害が及ぶことのないようにしなくてはならない.「人命保護」および「機能維持」を無理なく賢く実現するためには,「適材適所」の発想が基本であり,これを有効に達成する天井材やシステムの選択が重要となる.

先に述べたように,天井等の非構造材の落下事故は以前より存在しているにもかかわらず,近年特に注目されるようになった理由としては,下記のような要因が考えられよう.

1. 高度成長期以降,数多く建設されてきた建築施設内の非構造材の劣化が進行していること.
2. 建物の大規模化,高機能化に伴い,劣化損傷の原因や発生箇所が増えていること.
3. 構造躯体の耐震性向上に伴い,非構造材の地震時被害が目立つようになったこと.
4. 空調機器や照明,音響機器,スプリンクラーなど様々な機器類が天井裏に密集配置されるようになり,また,これらと天井材や下地材との干渉が発生しやすくなったこと.

などがあげられる.

このように,天井等の非構造材の落下事故の問題は,時代と共に顕在化してきた側面がある.この古くて新しい問題の解消に向けて,設計者,施工者をはじめ,建築の生産過程に携わるすべての関係者が,真摯な態度で,責任感を持ってかかわっていく姿勢が大切である.法令を順守しさえすれば責任を問われない,という発想ではなく,利用者の立場に立ってより安全安心で豊かな建築空間をともに造り上げる,という態度が何よりも重要である.

本書は,特別調査委員会メンバーにより現時点での最新の知見を集約し,提示することに努めたものであり,その性格上,内容は技術の進歩とともに適宜更新されていくべきものである.また,本書で示している様々な工法や事例の中には,一般の適用にはまだハードルのあるものもある.このような場合にこそ,関係者が連携協働することによって新しい技術や方法を開拓していく必要がある.

本書で繰返し述べているように,天井等の落下事故は地震時のみに発生するものではない.2012年12月2日には,中央自動車道の笹子トンネルで突如重量天井が落下し9名の方が亡くなるという大惨事が発生した.2013年12月19日にはロンドンのアポロ劇場で公演中に観客席上の天井が落下し,90名以上が重軽傷を負うという事故が発生している.いずれも地震とは無関係である.天井等の非構造材の落下事故は海外の非地震国でも頻繁に報告されているのである.原因は重力である.

地球上どこでも1Gで一定である．ただ，地震時の被害は同時多発的に発生し注目されやすいため，地震国である日本で天井等の落下事故の問題が顕在化しやすかったのである．したがって，日本においてこの問題を世界に先駆けて解決しておくことは，国際的にも意義があると同時に，先進国としての責務でもあるのである．

　天井等の非構造材の役割は建築空間の快適性や利便性を向上することである．ただ「落下しない」というだけでは意味がない．安全性は最低限の性能として，ごく自然に実現された上で，非構造材の性能を最大限に引き出し，さらに多くの設計自由度が獲得されるように発展していくことが真の進歩である．

　本指針が，より安全で快適で豊かな建築空間の実現のために積極的に役立っていくことが，本書を著わした特別調査委員会メンバー全員の願いである．

2014年9月

日本建築学会

本書作成関係委員 (2014年)

――― (五十音順，敬称略) ―――

非構造材の安全性評価及び落下事故防止に関する特別調査委員会

委 員 長	川口　健一				
幹　　事	小澤　雄樹	元結　正次郎			
委　　員	猪飼　富雄	井田　卓造	太田　博章	小早川　規	櫻庭　記彦
	清家　　剛	多賀　　洋	早川　文雄		

執筆担当

	指針編・解説編	工法および事例の紹介編・付録
猪飼　富雄	2.2.2, 2.2.5, 5.4	
井田　卓造	2.2.1, 3.1.2, 3.1.3, 5.1, 5.5	
太田　博章	2.1.4	2.1.4
小澤　雄樹		付録
川口　健一	序, 1章, 2章, 3章, 4章, 5章	付録
小早川　規	2.1.2	1., 2., 2.1, 2.1.1, 2.1.2, 2.1.3
櫻庭　記彦	2.2.4, 3.1.1	2.2
清家　　剛	5.4	
多賀　　洋	3.1.1, 5.2, 5.3	
早川　文雄	4.1	
元結正次郎	2.2.3	

天井等の非構造材の落下に対する安全対策指針・同解説

目　　次

	本　文 ページ	解　説 ページ

1章　基本事項
　　1.1　適　　　用 …………………………………………………………… 1 ……… 5

2章　基本的な考え方
　　2.1　人命保護 ……………………………………………………………… 1 ……… 7
　　　　2.1.1　安全性評価 ……………………………………………………… 1 ……… 9
　　　　2.1.2　軽量柔軟化・直天井工法 ……………………………………… 1 ……… 18
　　　　2.1.3　フェイルセーフ ………………………………………………… 1 ……… 20
　　　　2.1.4　準構造 …………………………………………………………… 2 ……… 28
　　2.2　機能維持 ……………………………………………………………… 2 ……… 30
　　　　2.2.1　機能実現と機能維持 …………………………………………… 2 ……… 31
　　　　2.2.2　各種損傷・劣化制御 …………………………………………… 2 ……… 43
　　　　2.2.3　地震時における損傷制御 ……………………………………… 2 ……… 48
　　　　2.2.4　耐震工法による損傷制御 ……………………………………… 2 ……… 64
　　　　2.2.5　設備機器 ………………………………………………………… 2 ……… 77

3章　設計の進め方
　　3.1　設計の進め方 ………………………………………………………… 3 ……… 81
　　　　3.1.1　新築・改修および復旧の進め方 ……………………………… 3 ……… 82
　　　　3.1.2　建築計画的アプローチ ………………………………………… 3 ……… 95
　　　　3.1.3　発注者との合意形成 …………………………………………… 3 ……… 101

4章　関係者の役割
　　4.1　関係者の役割と認識 ………………………………………………… 4 ……… 109

5章　その他の重要事項と課題
- 5.1　意匠設計者の認識の重要性……………………………………………… 4 ……117
- 5.2　確認が難しい損傷とその蓄積…………………………………………… 4 ……121
- 5.3　改修を阻む様々な要因…………………………………………………… 4 ……123
- 5.4　設備機器の課題…………………………………………………………… 4 ……127
- 5.5　天井落下防止と火災安全性の両立……………………………………… 4 ……132

工法および事例の紹介編
- 1. 工法および事例の紹介……………………………………………………………137
- 2. 工法と事例の区分…………………………………………………………………138
  - 2.1　人命保護に適した工法の事例……………………………………………138
    - 2.1.1　直天井工法の事例…………………………………………………138
    - 2.1.2　軽量柔軟化の事例…………………………………………………143
    - 2.1.3　フェイルセーフの事例……………………………………………154
    - 2.1.4　準構造としての計画………………………………………………161
  - 2.2　機能維持工法の事例………………………………………………………166

付録1．過去の非構造材の落下被害……………………………………………………179
付録2．東日本大震災における天井被害アンケート結果……………………………186
付録3．吊り天井工法の例………………………………………………………………191

天井等の非構造材の落下に対する安全対策指針

天井等の非構造材の落下に対する安全対策指針

1章 基本事項

1.1 適用

この指針は，利用者の頭上に設置された天井等の仕上げ材や設備機器等の非構造材の落下に対し，利用者の安全を確保するための対策に適用する．

2章 基本的な考え方

2.1 人命保護

建築空間には人命を護るためのシェルターとしての機能が期待されており，平時，災害時にかかわらず，この安全性を天井等の非構造材の脱落，落下によって低下させてしまうことは必ず避けなければならない．不用意に高所に重量物を設置しないことが人命保護確保の基本であり，重力により発生する落下現象の制御が安全対策の本質である．

2.1.1 安全性評価

天井等の高所設置の仕上げ材がその落下によって人命へ与え得る潜在的な危険性の有無は，その設置高さと材質を考慮した適切な安全性評価法によって判断する．危険性を判断したうえで適切な落下現象の制御を行い，確実に人命保護を実現する．

2.1.2 軽量柔軟化・直天井工法

安全性評価法によって安全性の確認された仕上げ材を用いれば，さらなる落下現象の制御を行わなくとも人命保護を確実に実現することができる．より軽量かつ柔軟な材料を用いることが効果的である．天井材を用いない直天井方式によれば天井材の脱落，落下の危険性そのものを解消することができる．

2.1.3 フェイルセーフ

安全性評価の結果，天井等の非構造材の落下により人命に危険が及ぶと判断される場合，あらかじめ意識的な設計を行い，これらが人体へ接触し危害を及ぼすことを防ぐことで，確実な人命保護を達成することができる．

2.1.4 準構造

　機能的に大きな質量を必要とする天井は「仕上げ材」の延長で処理せず，天井面を含むすべてを「構造」として計画・設計・施工し，建物が構造的に倒壊する以前には決して脱落，落下することのない安全性を持つ構造部材として実現する．

2.2 機能維持

　人命保護を確保したうえで，必要に応じた機能を実現する．実現すべき機能は建築空間の用途等と発注者側の要求によって様々に異なる．平時の機能実現に加え，非常時の機能維持が要求される場合は個別に検討する．

2.2.1 機能実現と機能維持

　天井等の非構造材の実現する機能を適切に把握すると同時に，想定される損傷や劣化が施設や空間の機能維持に与える影響について予測し，要求される機能の実現および維持を達成する．

2.2.2 各種損傷・劣化制御

　天井等の非構造材の損傷や劣化によって建築空間の様々な機能が損なわれる場合がある．人命保護に加えて機能維持も行う必要がある場合は，あらかじめ想定される損傷や劣化に対して有効な対策を準備し，損傷や劣化を制御することで，これらの機能を維持する．

2.2.3 地震時における損傷制御

　日本において天井等の非構造材の損傷を発生する典型的な外乱のひとつとして地震力がある．地震後に建築空間としての機能維持が必要な場合は，耐震設計による損傷制御を行うことが可能である．耐震設計は地震力に対する損傷制御であり，重力に対する人命保護とは異なることに留意する．想定を超えた地震力が作用した場合でも人命保護は確実に実現しなくてはならない．

2.2.4 耐震工法による損傷制御

　地震時の天井等の非構造材の損傷制御を行う場合は，各種工法の様々な特徴を把握し，あらかじめ設定されたレベルの地震力に対し要求されるレベルの損傷制御と機能維持が達成されるように適切な耐震工法を見極めて実施する．

2.2.5 設備機器

　天井面，天井裏には不用意に重量設備を設置しないようにし，室内上部に設置される設備機器は人命保護を確保したうえで，建築計画段階から耐震その他の損傷制御に配慮し，必要な機能維持が達成できるように計画する．

3章　設計の進め方

3.1　設計の進め方

　新築，改修，災害復旧時を問わず，設計者は単に法規を順守するのみでなく，建物を利用するすべての人々の確実な人命保護を実現し，発注者との十分な合意形成を図りながら，より安全安心な建築空間を実現する．

3.1.1　新築・改修および復旧の進め方

　人命保護を確実に実現したうえで，発注者との合意により必要に応じて機能維持を実現する．人命保護が確実でない天井等の非構造材は速やかに改修あるいは撤去する．

3.1.2　建築計画的アプローチ

　天井等の非構造材の落下に対する安全対策は，その設置高さ・材質・形状・設備機器の設置位置等のみならず，建築計画や空間構成・意匠・避難計画・メンテナンス計画の面からも十分に検討する．

3.1.3　発注者との合意形成

　設計者は発注者に対し天井等の非構造材に予測される各種損傷や劣化と，それにより発生しうる危険性の詳細について確実に伝える．続いて，人命保護の実現と必要な機能維持について協議し，意思の疎通と合意形成を図ったうえでこれを実現する設計を提示し行う．

4章　関係者の役割

4.1　関係者の役割と認識

　建築物の天井等の非構造材に携わるすべての関係者は，それぞれの立場で，人命保護と機能維持において果たすべき役割と責任を認識し，脱落，落下等により人命に危険を及ぼすことのない，安全な建物を社会資本として提供する．

5章　その他の重要事項と課題

5.1　意匠設計者の認識の重要性

　天井等の非構造材の設置高さや形状，材質を決定するのは，多くの場合意匠設計者である．意匠設計者の適切な設計と材料選択により，天井等非構造材の落下事故の危険性は大幅に軽減される．意匠設計者の安全性に対する認識の啓発と向上が重要である．

5.2　確認が難しい損傷とその蓄積

　天井等非構造材の損傷や劣化状況は目視点検等で完全に把握することは難しい．これらの点検で「損傷なし」と判断された場合でも損傷や劣化が蓄積している可能性がある．

5.3　改修を阻む様々な要因

　災害後の天井等の非構造材の復旧では，安易に「原状復旧」を行わず，確実な人命保護と必要な機能維持計画等の見直しを行い，必要に応じてそれらを向上させる「改修」を行うことが重要である．

5.4　設備機器の課題

　室内上部に設置される設備機器の脱落防止は，経済性，施工性，機能性に重点が置かれがちであるが，人命保護が第一であり，これを確実に実現するという観点から考えていく必要がある．

5.5　天井落下防止と火災安全性の両立

　高所設置の天井材等の非構造材に対する火災安全性が確認された場合，不燃要求を緩和する道が開かれれば，より安全性の高い軽量柔軟な天井材等の選択肢を増やすことができる．

天井等の非構造材の落下に対する
安全対策指針・解説

天井等の非構造材の落下に対する安全対策指針・解説

1章　基本事項

1.1　適　　用

> この指針は，利用者の頭上に設置された天井等の仕上げ材や設備機器等の非構造材の落下に対し，利用者の安全を確保するための対策に適用する．

　この指針は，天井等の主に室内の高所に設置された非構造材が落下することにより人命に及ぼす危険を効果的に解消するための安全対策に資することを第一の目的とする（図 1.1.1）．さらに，これらの落下が室内空間のその他の機能に及ぼす悪影響を最小限に留めるための対策についても言及する．人命保護の確保を第一とする基本的な考え方が変わることはないが，個々の対策技術は日進月歩で変化しており，それにかかわる部分の指針や解説は適宜更新されていくべきものである．

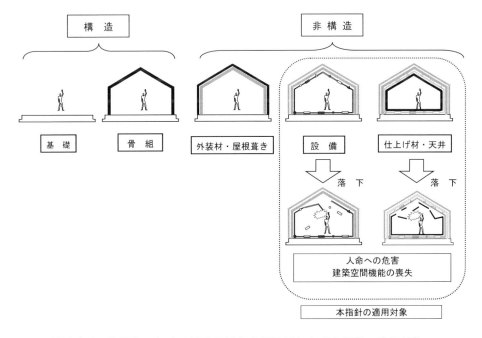

図 1.1.1　建築物における構造部材と非構造材および本指針の適用対象

2章　基本的な考え方

2.1　人命保護

> 建築空間には人命を護るためのシェルターとしての機能が期待されており，平時，災害時にかかわらず，この安全性を天井等の非構造材の脱落，落下によって低下させてしまうことは必ず避けなければならない．不用意に高所に重量物を設置しないことが人命保護確保の基本であり，重力により発生する落下現象の制御が安全対策の本質である．

　建築空間には元来，人命を護るためのシェルターとしての機能が期待されており，様々な力学的外乱のもとで，その建築物の構造躯体が倒壊に至らない限り人命は保護されることが期待されている．これは建築空間が実現しなくてはならない最も重要で基本的な性能であり，設計者から利用者まで共通の認識となっている．したがって，構造躯体によって実現されているこの安全性を天井材等の仕上げ材やその他の非構造材の落下事故によって低下させてしまうことは必ず避けなくてはならない．

　天井材等の落下を発生させる直接の外力は重力である．天井材等を重力に抗して保持できなくなる理由は，天井材等の仕上げ材やこれを支える下地材の経年劣化，雨水や配水管等の漏水による水分，湿気等による材料劣化，地震時の様々な損傷の累積，温度変化による膨張収縮の繰り返し，風圧や振動，設備機器との干渉，動植物の侵入など多岐にわたる．多くの天井材は使用される周辺状況によって材料劣化の度合いにも大きな違いが現れるため，竣工直後の性能がその後何年程度にわたって持続するかについても確実な評価を与えることは難しい．一般には材料単独の理想的な耐用年数よりも短くなる傾向がある．さらに，広大な面積の天井面の損傷劣化状況を，限られたアクセスや照明条件の中で目視や打音など不確実な方法により安全管理していくことは困難である．したがって，ごく限られた場合を除いて天井材等の脱落を長年にわたって確実に防止することは難しい．人命保護を第一に考えれば，不用意に高所に重量物を設置しないことがまず重要であり，やむを得ない場合にはその落下現象を確実に制御することが人命保護を第一とする安全対策の基本であり本質である．

　天井落下事故における人命保護の実現方法を，自動車事故の考え方に倣って整理を試みると表 2.1.1 に示すようになり，様々な方法があることがわかる[7]．まず，大きく「予防安全」と「事後安全」に分けて考えることができる．この表の1は，立入禁止など事前の利用者の行動制御やそもそも危険のもととなるものを設置しない，という基本的な選択肢であり，仕上げ材のない直天井化などを含む．2は構造躯体が倒壊するまで決して損傷を生じない天井を実現するということである．天井がすべて構造部材として設計施工され構造躯体倒壊まで決して損傷落下しない（「準構造」：後出）か，天井があらゆる外乱を受け流すような軽量柔軟材料で構成されている時のみ実現可能である．準構造は，仕上げ材の延長で実現することは困難であり，中途半端に行った場合は却って非常

に危険な状況を招く．例えば地震時に構造躯体が震度 7 までもったとしても，震度 6 で重たい天井が落ちてくるようではシェルターとして用をなさない．3～5 は落下が発生した場合の人命保護策であり，広義のフェイルセーフ策である．3 は落下防止ネットや落下防止ワイヤ等を設置し，落下が生じても利用者のいる領域に達しないようにコントロールするという考えである．本書ではこのような方法を狭義にフェイルセーフと呼んでいる（後出）．4 は，損傷落下が防げなくとも，余裕をもって落下の予兆を知ることができるようにしたり，落下の進行を非常に緩慢にコントロールする方法で，避難あるいはその天井材の撤去等を可能とする，というものである．5 はその設置高さに見合った危険のない天井材のみを利用し，仮に落下が発生して人体に接触しても人命保護が可能な材料を選択する，という方法である．これを実施するには安全性を判定するための適切な安全性評価法（後出）が必要となる．6 は，机の下に潜ったり，天井のない場所へ移動するなど，利用者の行動によって安全確保を図る方法であり，利用者の教育や誘導によって達成されるものである．7 は本書では人命保護策としての考察の対象としないが，被害軽減の観点からは重要な概念である．

表 2.1.1 交通外傷低減に倣った天井落下に対する人命保護の方法[7]

安全	概念	実現方法	具体例
予防安全	1. 暴露コントロール	事前の行動制御で事故に遭遇する危険を低減する．高所に危険な天井材を設置しない．	室内に入らない 天井材撤去・直天井
	2. 損傷防止	あらゆる外乱に対し躯体倒壊以前に天井材および下地材を決して損傷させない．	軽量柔軟材料 準構造
事後安全	3. 落下防止	利用者の活動領域に至る落下を防ぐ．	落下防止ネット 崩壊形の制御
	4. 損傷コントロール	目に見える形でゆっくり損傷を進ませることで確実に利用者避難や天井撤去等の対策が行えるようにする．	塑性変形や崩壊系等を利用した損傷設計
	5. 傷害コントロール	落下発生時に傷害程度を低減させる．	軽量柔軟材料
	6. 行動の変更	事後の行動で事故に遭遇する危険を低減する．	安全な場所への移動 机の下へ潜る
	7. 受傷後の管理	受傷後の速やかかつ十分な救助処置，治療，リハビリテーションを行う．	本書では対象外

2.1.1 安全性評価

> 天井等の高所設置の仕上げ材がその落下によって人命へ与え得る潜在的な危険性の有無は，その設置高さと材質を考慮した適切な安全性評価法によって判断する．危険性を判断したうえで適切な落下現象の制御を行い，確実に人命保護を実現する．

　高所設置の天井等の仕上げ材や非構造材の場合，人命に危険を及ぼすのは，ほとんどの場合がこれらの落下現象である．対象となる外力は重力であり，鉛直下向き 1G であって地球上どこでもほぼ一定である．したがって，天井等の高所設置の仕上げ材がその落下によって人体へ与え得る潜在的な危険性は，その設置高さと材質を考慮した適切な「安全性評価法」によって判断することができる．危険性を判断したうえで適切な落下現象の制御を行うことで，確実に「人命保護」を実現することが可能となる．適切な「安全性評価法」によって潜在的な危険性があると判断される場合でも，天井材の設置高さや材質を変えることによって，確実な人命保護を実現することができる．

　頭上に設置されている天井等の仕上げ材は様々な理由で落下することが予想され，その安全性（あるいは危険性）は，発生し得る天井材等の落下と，それらが人体接触時に与える物理的影響，および人体側の耐性によってある程度，客観的に判断できる．

　人体耐性に関する知見は主に自動車事故に関連して発達した傷害バイオメカニクスの分野で調査研究が進んでおり，これらの知見を応用することができる．本書では，種々の天井材が落下時に人体に与える衝撃荷重を実験等の手段により計測し，これと適切な人体耐性指標とを比較することで，天井の落下に対する安全性を客観的に評価する手法を示している．

1．人体耐性値と傷害尺度

　人体耐性の科学的な研究は 19 世紀頃からなされているが，特に自動車安全性の観点から 1950 年代以降に研究が活発になっている．調査の方法は，ボランティアによる人体実験，人死体や動物を用いた実験，実事故における臨床観察，数学モデルによる方法等があり，これらのデータの蓄積とその分析により耐性値を把握している．しかし，人体耐性値は年齢性別や病歴体質などによる個人差が大きく，定量的な評価にはどうしても大きな幅が伴う．

　天井落下事故において最も傷害を受けやすく重症度の高い傷害となり得る人体部位は頭部であるため，天井落下が人体に与える危険性を評価する際の代表値として頭部傷害を考えることができる．自動車事故における生涯所得の損失を概算し経済コストという観点から重み付けした研究によると，脳挫傷が圧倒的にコストが高く評価されている[11]．

　人体傷害の「人命に対する危険度」の尺度として米国の AIS（Abbreviated Injury Scale）が知られている．AIS では，人体を 9 つの部位に分けて，0〜6 の 7 つの傷害程度が定義されている．頭部に関する AIS を表 2.1.1.1 に示す．頭部の最も重要な外傷は頭蓋と脳に対するものである．頭蓋の骨折は頭蓋底骨折，頭蓋冠の線状骨折と陥没骨折に分けられる．骨の変位のない線状骨折は AIS2 に分類される．骨の変位を伴う陥没骨折は AIS3 以上である．以下の人体耐性指標値では AIS2 以下で可逆的な傷害（後遺症なく速やかに元へ戻る）を許容する傷害レベルを閾値として用いている．

表 2.1.1.1 AIS（略式傷害尺度）[7]

AIS：傷害度	頭　部
0：無傷	
1：軽傷	頭痛またはめまい感
2：中等傷	1時間未満の意識喪失，線状骨折
3：重症	1-6時間の意識喪失，陥没骨折
4：重篤	6-24時間の意識喪失，開放骨折
5：瀕死	24時間を越える意識喪失，100cc以上の頭がい内血腫
6：即死	実質的に救命し得ない状況

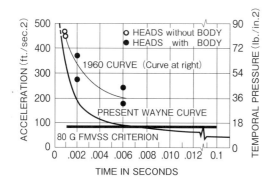

図 2.1.1.1　Wayne State Tolerance Curve [13]

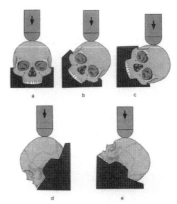

図 2.1.1.2　頭部の接触載荷実験方法の例 [18]

（実際には頭皮のついた死体頭部などを用いる）

2．頭部衝撃傷害耐性

(1) 衝撃加速度の時間積分を用いた評価

　頭部傷害のメカニズムは接触傷害（局所，遠隔）と慣性傷害（並進，回転）に分類される．自動車事故では並進加速度や回転加速度が引き起こす慣性傷害は頭部傷害で最も重要な傷害であるが，天井落下事故においては，接触傷害が最も重要な傷害となる．頭部への荷重は静的荷重（200ms<継続時間），準静的荷重（50ms<継続時間<200ms），動的荷重（2.3ms<継続時間<50ms）に分けられる[7]．

　衝突による頭部傷害の危険性を定量化しようと試みた初期の試みのひとつとして1960年のWSTC（Wayne State Tolerance Curve）がある[12]．これは横軸に頭部への衝撃作用時間，縦軸に加速度レベルをとったグラフに6つの点をプロットし，これを補完する曲線を引いたものである．評価点が，WSTCより下なら，脳震盪程度であり後遺症はなく，一方，WSTCより上ならば生命の危険があるという閾値を与えるものである．これはAISの傷害度2程度を意識した閾値であり，我が国

の「保護帽」の基準も WSTC 上の点を力積の形に読み替えて用いている．

WSTC 以降，これを改良する試みがなされ，GSI（Gadd Severity Index），HIC（Head Injury Criterion）[15,16] 等が提案されている．これらは頭部衝撃加速度とその作用時間で定義し，AIS2 相当の生命の危険性を与える閾値も同時に提案されている[7]．

(2) 衝撃加速度を用いた評価（ECE）

頭部の傷害耐性指標を，頭部が経験する最大衝撃加速度で規定する提案もあり，ECE 94（Economic Commission for Europe） 欧州経済委員会による基準 94 項「前面衝突時における乗員の保護」においては「衝突時の頭部の加速度が 80G 以下（3ms）」が規定されている[10]．

(3) 衝撃荷重を用いた評価（実験による崩壊衝撃荷重）

加速度による評価のみではなく，頭部への接触を伴う衝撃荷重と頭部傷害耐性に関する研究も行われている．代表的な研究に Yoganandan[18]，Nahum[17]等の研究がある．これらの研究では主に死体頭部に対してインパクタなどで衝撃荷重を与える実験を行っている．これら関連研究で行われ，論文に掲載されている実験結果をひとつのグラフにまとめたものを図 2.1.1.3 に示す[19]-[29]．

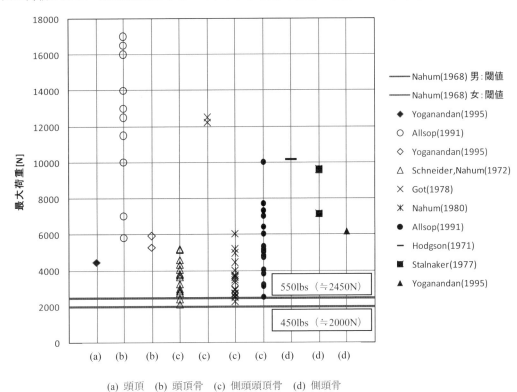

(a) 頭頂　(b) 頭頂骨　(c) 側頭頭頂骨　(d) 側頭骨

図 2.1.1.3　頭部へ接触により与えた最大荷重と骨折の有無の比較

図 2.1.1.3 の各実験における値に大きな幅が観察されるように，人体耐性は年齢性別や病歴体質などによる個人差が大きいため，定量的な評価にはどうしても大きな幅が伴う．また，それぞれの研究においてもインパクタの素材や大きさなどに違いがある．これらの研究の中で，Nahum[17]により

提案されている側頭頭頂骨の傷害下限値（450lbs≒2000N）は，女性の側頭頭頂骨の崩壊荷重実験値を参考に決められており，インパクト面積が1平方インチ程度の時に有効であるとしているが，側頭頭頂骨は頭頂付近の骨としては崩壊荷重が低く，またこの値は既述のAISのレベル2程度を意識して設定されており，頭部の傷害下限値として安全側の閾値を与えると考えられる．

3．各種天井材の人頭模型への衝突実験 [31)-34]

　各種天井材が落下時に人頭へ与える力学的影響を計測するために，人頭模型への天井材の落下実験が行われている [31-34]．人頭模型は衝撃吸収性試験用人頭模型（マグネシウム合金製：JIS規格）を用いており，図2.1.1.4のようにH形鋼および鉄板の土台の上に設置されている．人頭模型の下に設置したロードセルで人頭模型への時刻歴衝撃荷重，人頭模型付近に設置したスピードガンで時刻歴距離等を計測している．

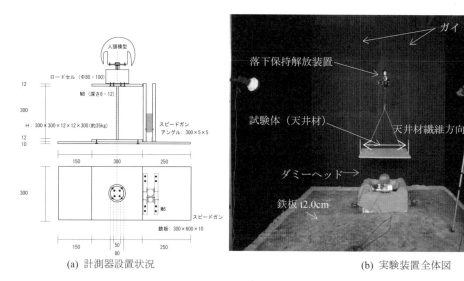

(a) 計測器設置状況　　　　　　　　　　(b) 実験装置全体図

図2.1.1.4　人頭模型を用いた天井落下衝突実験の概要

　各天井材は水平を保ったまま，ほぼ中央で人頭模型に衝突するようにガイドワイヤーで適度に拘束している．天井板サイズは市販の大きさを基準として用いており，多くの場合910mm×910mmである．これは市販のサイズが天井パネルとしての単位を形成し，それが破損形状に現れて落下する場合が多く，また，実験時の観察から，人頭接触時の衝撃荷重は比較的局所的な破壊で決まり，落下天井面全体の面積の影響は少ないことが予想されるなどの理由による．

　これらの実験の結果得られた落下高さと最大衝撃荷重のグラフを図2.1.1.5,6に示し，この実験に用いられた天井材と大きさ，質量等を表2.1.1.2, 3に示す．

　ロックウール吸音板とアルミスパンドレルに関しては，実験に用いられた市販のパネルサイズが，その他のものと大きく異なる点に注意が必要である．また，本実験での落下高さは人頭模型頂部から天井下面までの距離であり，室内の天井高ではないことに注意する必要がある．

表 2.1.1.2 落下実験に用いた天井材（石こうボード）

略称	材質	サイズ（mm）	質量（kg）	実験内容
GW	グラスウール	990×990×25.0	1.2	1〜6m，1mごと，3回ずつ
GW	グラスウール	910×910×15.0	1.1	1〜10m，1mごと，3回ずつ
AS	アルミスパンドレル	132×1000×1.0	0.5	2〜20m，2mごと，3回ずつ
CS	ケイ酸カルシウム板	910×910×8.0	5.5	2〜20m，2mごと，3回ずつ
CS+RW	ケイ酸カルシウム板	910×910×8.0	9.5	2〜20m，2mごと，3回ずつ
	ロックウール吸音板	300×600×12.0		
CS+RW+F(4)	ケイ酸カルシウム板	910×910×8.0	10.5	2〜20m，2mごと，3回ずつ
	ロックウール吸音板	300×600×12.0		
	シングル野縁	2-17×25×0.8		
	ダブル野縁	2-17×50×0.8		
MM①	膜（ポリエステル布+塩ビコーティング）	910×910×0.6	0.2	2, 10m，3回ずつ
MM⑥	膜（ガラスクロス+フッ素コーティング）	910×910×0.8	1.2	2, 10m，3回ずつ
RW	ロックウール吸音板	300×600×12.0	0.7	2〜20m，2mごと，3回ずつ

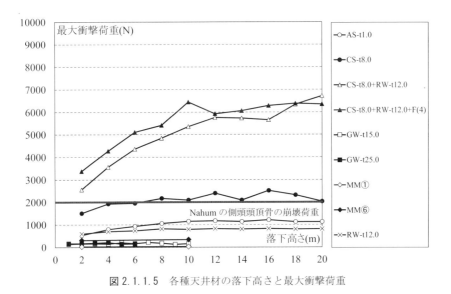

図 2.1.1.5 各種天井材の落下高さと最大衝撃荷重

表 2.1.1.3 落下実験に用いた天井材（石こうボード）

略称	材質	サイズ（mm）	質量(kg)	実験内容
GB(D)	化粧石こうボード	910×910×9.5	6.1	2〜16m，2m ごと，4 回ずつ 但し 6,10m のみ 5 回ずつ
GB(R)	石こうボード	910×910×9.5	6.5	10m，3 回
GB(R)	石こうボード	910×910×12.5	8.1	1m, 2〜16m，2m ごと，3 回ずつ
GB(R)+RW	石こうボード ロックウール吸音板	910×910×9.5 300×600×12.0	8.6	2〜16m，2m ごと，3 回ずつ 但し 2,4m のみ 4 回ずつ
GB(R)+RW	石こうボード ロックウール吸音板	910×910×12.5 300×600×12.0	10.0	2〜16m，2m ごと，3 回ずつ 但し 12m のみ 4 回
GB(P)	石こう吸音ボード	910×910×9.5 （孔径 6mm，ピッチ 22mm，孔数 40×40）	6.1	2〜16m，2m ごと，3 回ずつ 但し 8,12m のみ 4 回ずつ
GB(R)+GB(D)	石こうボード 化粧石こうボード	910×910×12.5 910×910×9.5	12.8	2〜16m，2m ごと，3 回ずつ 但し 8,12,16m のみ 4 回ずつ

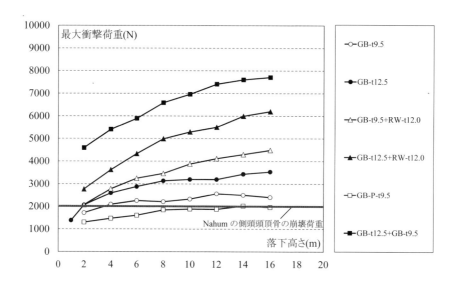

図 2.1.1.6　各種天井材の落下高さと最大衝撃荷重（石こうボード）

4．人頭模型への衝突実験値と頭部傷害耐性を用いた安全性評価法

　以上 2 節と 3 節の調査結果を比較することで天井材の安全性評価が可能となる．つまり，頭部衝撃傷害耐性の閾値として，安全側と考えられる Nahum の 2000N を採用するとすれば（図 2.1.1.3），図 2.1.1.5, 6 において 2000N 以上の衝撃荷重を与える場合は，当該天井材を当該高さに設置することは潜在的に人命に危害を及ぼし得るということになり，2000N を超えない場合には，仮に落下して人体に接触しても人命に危害を与える可能性は少ない，と判断される．これにより，それぞれの

天井材に対して，たとえ落下しても人命に危害を加えることなく使用することの可能な高さを知ることができる．

このような安全性評価法を利用するにはいくつかの注意が必要である．

1. 本実験では実験の再現性を重視し，マグネシウム合金製の人頭模型を用いている．実際の生体の人頭と人頭模型が受ける最大衝撃力には何らかの差異があると考えられるが，過去の天井落下と傷害発生の被害事例などと照らし合わせて，この安全性評価法での評価はおおむね妥当と判断している．この点は，さらなる知見の蓄積により精度の検証が必要となると考えられる．

2. 図2.1.1.5, 6のグラフの横軸の「落下高さ」の定義に注意が必要である．すなわち，ここでの「落下高さ」とは，人頭模型の頂部から，天井材下面までの高さであって部屋の天井高ではない．したがって，部屋の天井高によって評価する場合には，その部屋の標準的な利用形態を考慮する必要がある．例えば，その部屋が会議室のように主に座位で利用される部屋であれば，落下高さは天井高から利用者の座高を引いたものと考えられる．展示場の様に主に在室者が立位で利用する場所であれば，天井高から利用者の身長を引いたものが落下高さと考えられる．

3. 本安全性評価法では，鋭利な角等をもった天井材や下地材による傷害については考慮していない．したがって，落下の可能性のある部分に，人体を傷つける鋭利な角等をもった天井材や下地材は使用しないようにしなくてはならない．例えば，アルミスパンドレル等の金属系の材料には鋭利な角部を有するものもあり，落下実験による最大衝撃荷重値が低い場合でも，そのような部分のある天井材は避けることが望ましい．在来軽量下地の天井では，野縁やクリップ等，またそれを止め付けるビスなどは鋭利な部分を有しており，これらの落下は極力避けることが望ましい．

4. 在来軽量下地工法の天井では，いわゆるクリップ部の損傷により天井材と野縁が一体となって落下する場合がある．この場合は，図2.1.1.5の△CS-t8.0+RW-t12.0の試験体と▲CS-t8.0+RW-t12.0+F(4)の試験体の比較に見られるように，下地材の存在により最大衝撃荷重が増加する傾向がある．具体的な最大衝撃荷重の増幅率に関しては今後のデータの蓄積が必要である．

5．まとめ

人体の耐性や天井材の落下接触という現象にはそもそも様々な幅があり，確定的な議論は難しいが，「人命保護」として，AISのレベル2以下（人命に深刻な危害が及ばないレベル）を想定し，これに基づいて提案された頭部の衝撃傷害耐性値と各種天井材の人頭模型実験結果を比較することで可能となる安全性評価法について紹介した．このような安全性評価法は，新築設計時の天井だけでなく，既存の天井の安全性を客観的に評価する際にも用いることができる．

この安全性評価法で採用しているNahumの閾値2000Nは成人女性の側頭頭頂骨の衝撃傷害耐性

を元に決定されており，例えば子供等の耐性値はさらに低いと考えられる．したがって，主な利用者が子供等の弱者と考えられる部屋の場合はさらに安全性に配慮した天井とすることが望ましい．

　本安全性評価法は，限られた数の実験値の比較に基づいているため，今後，さらなる知見とデータが蓄積されることで改良されていく余地があると考えられる．

参 考 文 献

1) 川口健一：6.4.1 非構造材と設置高さ，空間構造の動的挙動と耐震設計，日本建築学会，2006．
2) 大野忠雄，黒澤美枝子，高橋研一，細谷安彦訳：トートラ人体の構造と機能 第2版，丸善，2007.2
3) 塩田浩平，瀬口春道，大谷浩，杉本哲夫訳：グレイ解剖学 原著第2版，エルゼビア・ジャパン，2011.8
4) 坂井建雄，[訳]小林靖，小林直人，市村浩一郎監訳：グラント解剖学図譜 第6版，医学書院，2011.4
5) James H. McElhaney, Verne L. Roberts, Joseph F. Hilyard : Handbook of human tolerance, Japan Automobile Research Institute, Inc., 1976
6) Hiroshi Yamada : Strength of biological materials, Robert E. Krieger Publishing Company, 1973
7) J.S.H.M. Wismans, 水野幸治, 一杉正仁訳：交通外傷バイオメカニクス, 安全部会歩行者保護分科会, 2003.5
8) 労働省：保護帽の規定，労働安全衛生法第42条，1976.1
9) U.S. Department of Transportation : FMVSS (Federal Motor Vehicle Safety Standard) 208 - Occupant Crash Protection, pp.744~745, 2008.10 edition
10) United Nations Economic Commission for Europe : ECE (Economic Commission for Europe) Regulation No.94, pp.10, 1958 agreement (Rev.1/Add.93)
11) 日本外傷学会・財団法人 日本自動車研究所：AIS90 update98 日本語対訳版, へるす出版, 2003.12
12) Lissner, H. R., M. Lebow, F. G. Evans : Experimental studies on the relation between acceleration and intracranial pressure in man, Surgery, Gynecology and Obstetrics 111, pp.329~338, 1960.9
13) Richard G. Snyder : Human impact tolerance - American viewpoint, SAE Technical Paper 700398, 1970.2
14) Ono, Koshiro, Astumi Kikuchi, Marumi Nakamura, Hajime Kobayashi, Norio Nakamura : Human head tolerance to sagittal impact reliable estimation deduced from experimantal head injury using subhuman primates and human cadaver skulls, SAE Technical Paper 801303, 1980.9
15) Charles W. Gadd : Use of a weighted-impulse criterion for estimating injury hazard, SAE Technical Paper 660793, 1966.2
16) Versace, J. : A review of the severity index, SAE Technical Paper 710881, 1971.2
17) Nahum, A., Gatts, J., Gadd, C., Danforth, J. : Impact tolerance of the skull and face, SAE Technical Paper 680785, 1968.2
18) Narayan, Y., Frank, A. P., Anthony, S. J., Patrick, R. W., Channing, L. E., Daniel, J. T., Richard, G. S. : Biomechanics of skull fracture, Journal of Neurotrauma Vol.12 No.4, pp.659~668, 1995.5
19) Got, C., Patel, A., Fayon, A, Tarrière, C., Walfisch, G. : Results of experimental head impacts on cadavers : The various data obtained and their relations to some measured physical parameters, SAE Technical Paper 780887, 1978.2
20) Nahum, A., Ward, C., Raasch, E., Adams, S., Schneider, D. : Experimental studies of side impact to the human head, SAE Technical Paper 801301, 1980.9
21) Stalnaker, R., Melvin, J., Nusholtz, G., Alem, N., J. B. Benson : Head impact response, The 21st Stapp Car Crash Conference, pp.305-335, 1977.2
22) Schneider, D., Nahum, A. : Impact studies of facial bones and skull, SAE Technical Paper 720965, 1972.2

23) Allsop, D., Perl, T., Warner, C.：Force/deflection and fracture characteristics of the temporo-parietal region of the human head, SAE Technical Paper 912907, 1991.10
24) Narayan, Y., Frank, A. P., Biomechanics of temporo-parietal skull fracture, Clinical Biomechanics Vol.19 No. 3, pp.225~239, 2004.3
25) Hodgson, V. R.：Tolerance of the facial bones to impact, Am. J. Anat., 120, pp.113~122, 1967.1
26) Hodgson, V. R., Thomas, L. M.：Breaking strength of human skull vs. impact surface curvature, US Department of Transportation, HS-800-583, Springfield, VA, 1972.6
27) Hodgson, V. R., Thomas, L. M.：Effect of long-duration impact on head, In: Proceedings of the 16th Stapp Car Crash Conference, pp.292~295, 1972 .2
28) Hodgson, V. R., Thomas, L. M.：Breaking strength of the human skull vs impact surface curvature, DOT-HS-801-002, 1973 .6
29) Hodgson, V. R., Thomas, L. M., Brinn, J.：Concussion levels determined by HPR windshield impacts, In: Proceedings of the 17th Stapp Car Crash Conference, 1973.2
30) 森本一史：人体の衝突障害耐性 -顔面-, 豊田中央研究所 R&D レビュー Vol.27 No.1, 1992.3
31) 内田拓見，川口健一，片山慎一朗：人体耐性指標を用いた天井材の安全性評価に関する基礎的研究 その1 人体耐性指標，日本建築学会学術講演梗概集 A-1, pp.1081〜1082, 2009.7
32) 片山慎一朗，川口健一，内田拓見，荻芳郎：人体耐性指標を用いた天井材の安全性評価に関する基礎的研究 その2 天井材落下実験，日本建築学会学術講演梗概集 A-1, pp.1083〜1084, 2009.7
33) 内田拓見，川口健一，荻芳郎，大矢俊治：人体耐性指標を用いた天井材の安全性評価に関する基礎的研究 その3 天井材落下実験2，日本建築学会学術講演梗概集 B-1, pp.881〜882, 2010.7
34) 中楚洋介，川口健一，大矢俊治，荻芳郎，小澤雄樹，細見亮太，益田悠司，森大：天井材の安全性評価に関する基礎的研究:石膏ボード落下実験：生産研究 Vol.64 No.6, pp.95~100, 2012.11
35) 日本建築学会：非構造材の安全性評価及び落下事故防止に関する特別調査委員会「天井等の非構造材の落下事故防止ガイドライン」, 2013.3 版

2.1.2 軽量柔軟化・直天井工法

> 安全性評価法によって安全性の確認された仕上げ材を用いれば，さらなる落下現象の制御を行わなくとも人命保護を確実に実現することができる．より軽量かつ柔軟な材料を用いることが効果的である．天井材を用いない直天井方式によれば天井材の脱落，落下の危険性そのものを解消することができる．

　天井等の非構造材の落下に対する人命保護を確実に実現するには，天井材等の仕上げ材として安全性評価法により安全性の確認された材料のみを用いる方法がある．本指針で紹介している安全性評価法では，より軽量，より柔軟な材料を用いることが安全性確保につながる．軽量化は重力の軽減に直接的な効果があり，さらに柔軟化は人体接触時の衝撃を低く抑える効果がある．天井材等の仕上げ材を安全性評価法を満たす軽量柔軟なものとすることは人命保護のための重要かつ効果的な方法である．

　特に天井材等の仕上げ材がなくともその建築空間に期待される機能を実現できる場合には，天井材を設置しない「直天井」工法を採用することで，これらの落下事故の憂いを解消することができる．

　軽量化は地震時の慣性力を軽減し，柔軟化は地震時の変形追従性にも大きな効果があるため，人命保護のみならず，機能維持上も大きな効果がある．

　人命保護の確保に適した方法として本指針では他に具体的にはフェイルセーフと準構造を取り上げている．これらの工法の詳細は他の章，節等で詳述しているのでそちらを参照されたい．本項では軽量柔軟化や直天井工法と，これらを特に考慮しなかった場合の在来工法の天井とを比較して，天井に求められる性能，機能がどのように変化するかについて以下にまとめた．

- 軽量柔軟化：天井材として「2.1.1　安全性評価」により安全と判断されたものを採用することで確実な人命保護を実現する天井．吊り天井に限らず，天井材等を構造材やぶどう棚などに直張りする場合等でも安全性評価により安全と判断されたものを採用する．
- 直天井工法：天井等の仕上げ材を用いず上階の構造体等が露しとなる，あるいはそれに薄い塗膜の塗料で塗装した天井．吊り天井に比べ天井裏空間がないことで，室内空間に実現される機能やその性能に違いがでる場合がある．

　上記の2つの工法の特徴は，表2.1.2.1や表2.2.1.1のように整理することができる．

　天井により実現される一部の機能については，工法により制約を受けるため，その工法を適用出来る施設用途が限定される場合がある．しかし，構造や設備を含めた工夫を行うことにより，同等かそれ以上の性能を得ることも可能である．例えば，直天井工法で構造体や設備システムを積極的に見せた事例では，それを実現する過程で構造体の納まりや設備の吊り方等を工夫することが，それらの落下制御を積極的に行うきっかけにもなりうる．頭上にあるすべての物に対する落下現象の制御が出来てこそ，初めて人命保護が達成できる．詳細は本指針の「工法および事例の紹介編」でも示している．

表 2.1.2.1 軽量柔軟化および直天井の採用により影響を受ける天井の性能，機能

工法	軽量柔軟化	直天井工法
人命保護	・軽量柔軟により落下の可能性が極めて低い ・落下しても人的被害がない（安全性評価法より）	・落下する天井材等がない ・設備機器等の状況把握が容易になり落下の制御も容易となる．
機能実現	・音響性能： 　軽量材では頭上空間での音の反射等への対応が難しくなる． ・音の反射以外では，天井等の非構造材に期待される通常機能のほとんどは材質の軽量柔軟化の如何では制約を受けない． ・但し，現行材料の中では，不燃性，意匠性などに優れた材料の選択肢が少ないので，今後の開発努力が期待される．	・頭上に天井等の仕上げ材がなく，吊り天井等に比べ，天井裏空間がないことにより室内に実現される機能に違いが出る場合がある． ・視覚関連性能，意匠性： 　頭上での照明反射面の形成に制約． 　構造・設備を隠す意匠から見せる意匠へ． ・空調/空気質： 　頭上での断熱，結露防止が困難． 　気積を抑えての空調効率向上は困難． 　VOC対策，防塵等が難しくなる． ・音響性能： 　頭上空間での吸音，反射等の制御が困難． ・火災安全性能： 　蓄煙性能等には有利．

2.1.3 フェイルセーフ

> 安全性評価の結果，天井等の非構造材の落下により人命に危険が及ぶと判断される場合，あらかじめ意識的な設計を行い，これらが人体へ接触し危害を及ぼすことを防ぐことで，確実な人命保護を達成することができる．

　天井材等の落下が発生しても，あらかじめこれを想定した意識的な設計を行うことによって人命保護を達成することができる．これを広義の「フェイルセーフ」と呼ぶ．既出の表 2.1.1 の「事後安全」に分類される方法はほとんど広義の「フェイルセーフ」と考えることができる．

　しかし，一方でより狭義に「フェイルセーフ」という用語が用いられる場合も多い．例えば天井材の落下が発生しても，これが利用者の活動領域に達することがなければ，人命に危害を与えることはない．これは上記の「フェイルセーフ」のひとつの形であり，表 2.1.1 の 3 の「落下防止」に相当する．本書では以降このような方法を「フェイルセーフ」と呼ぶこととする．もっとも知られている方法は，落下防止ネットの設置である．また，天井パネルを通常の下地材とは独立にワイヤ等で構造材へ緊結することによって落下を回避する「落下防止ワイヤ」という方法も考えられる（工法および事例の紹介編：図 2.1.3.5）．以下では「落下防止ネット」を中心に，フェイルセーフについて述べる．

1. 荷　重

　損傷などにより落下が発生した場合，フェイルセーフを構成するネットやケーブルおよびロープ等はその落下物の荷重を支える必要がある．この時フェイルセーフに作用する荷重 f は落下距離 h やフェイルセーフを構成する材料の柔軟性等によって大きく異なる．落下物の自重を基準として表せば，

$$f = \alpha mg \tag{2.1.3.1}$$

と書ける．ここに α は係数，m は落下物の質量，g は重力加速度である．運動量保存則から概算すると，$\alpha = 1/\Delta t \cdot \sqrt{2h/g}$ となる．ここに Δt はフェイルセーフが機能してから落下物が静止するまでの時間であり，空気抵抗は無視している．落下高さがゼロでも静的な荷重に比べて突然に荷重が作用した場合は，静的な荷重の2倍となることが知られている．代表的な天井材の重量を表2.1.3.1に示す．

表 2.1.3.1　代表的な天井材重量

名称	サイズ [mm]	重量 [N]
石こうボード	910×910×9.5	55~85
ケイ酸カルシウム板	910×910×8.0	40~60
グラスウール（48K）	910×910×25.0	10
ロックウール吸音板	300×600×12.0	10
ケイ酸カルシウム板＋ロックウール吸音板	910×910×9.5＋300×600×12.0（4.5枚分）	85~105
野縁（シングル野縁2本＋ダブル野縁1本）	幅 25,50，高さ 19，長さ 910	10

2. 落下防止ネット

人命に危害を与える落下事故を防止するための有効な方法として，天井直下に目の細かいネット（あるいは柔軟なメッシュ）を張り，落下物を受け止める「落下防止ネット」の設置がある．「落下防止ネット」には以下のような利点がある．

1. 既存の天井に対しても設置が容易で天井裏に入る作業が極めて少なくて済む
2. 既存天井材の断熱性や音響性などの機能も温存できる
3. 既存の照明や空調，音響，スプリンクラーなどの機能を損なわない設置が可能
4. 設備機器の落下も受け止める設計が可能

連続した天井は最初に損傷した部分が垂れ下がり，その重みで次々とはがれるように落下する場合もある．天井直下にネットを設置した場合は，天井が大きく落下する前にその重量をネットが受けるため，このような損傷の伝播を防止する効果もある．

落下防止ネットは目の細かいネットだけでは強度が不足する場合が多いため，ネットと補強ケーブルを組み合わせて用いる場合が多い．目の細かいネットで受けた落下物の荷重を補強ケーブルが支え，補強ケーブルは周辺の構造物にしっかりと定着されることで落下物の荷重を支える．最終的な定着部分は周辺柱や梁，壁などの構造躯体であり，これらの構造躯体は補強ケーブルに対する反力を与える必要がある．また，ケーブルは常時のたわみを少なくするために，初期張力を導入する場合も多い．この場合，周辺構造物は常時，ケーブルの初期張力を支え続けなければならない．落下物発生時には，初期張力と，落下物重量により生じる付加反力の両方を支える必要がある．また，落下距離は小さい方がネットが負担する衝撃荷重は小さく抑えられるので，ネットは天井材等の落下物からの距離をなるべく少なく保って設置することが望ましい．また衝撃荷重を小さく抑えるためには，(2.1.3.1) 式の Δt を大きくすることが有効であり，ネットはなるべく柔軟なものが望ましく，これはネットの目をバイアス方向（ひし目）に配置して利用することなどでも実現することができる．

(a) 落下防止ネットの設置例

(b) 落下防止ワイヤ（ロープ）の設置例
（野縁のみを吊っている例）

図 2.1.3.1 フェイルセーフ設置の例

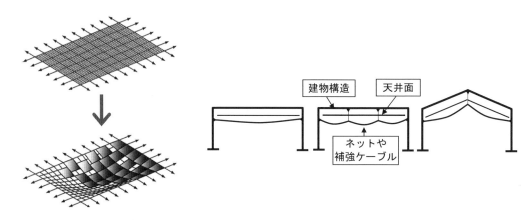

図 2.1.3.2　落下防止ネットの概念　　　図 2.1.3.3　ネットや補強ケーブルの梁間方向イメージ

(1) 一方向ケーブルの力学

　落下防止ネットの目的は，損傷によって発生する落下物の重量を支え，利用者の活動領域に達するのを防ぐことである．したがって，ネットの強度は予想される落下物重量と許容されるたわみ量から決まる．また，予想される危険な落下物の大きさから，ネットの網目サイズが決まる．さらに補強ケーブルの端部定着部は支えるべき落下物の重量と，ケーブルの初期張力に耐えるように設計する必要がある．したがって，大空間内の落下防止ネットは，補強ケーブルに要求される力学的性能をもつケーブル構造として設計することとなる．

　天井材が全面にわたって落下する場合を最も不利な場合と考えると，ケーブルが受ける荷重は等分布荷重に近くなると予想される．等分布荷重 p を受けるケーブルの釣合い状態として次の近似式がよく知られている．

$$\text{形状}：y = w\left[1-\left(\frac{2x}{l}\right)^2\right] \tag{2.1.3.2}$$

$$\text{端部鉛直反力}：V = \frac{pl}{2}, \quad \text{端部水平反力}：H = \frac{pl^2}{8w} \tag{2.1.3.3}$$

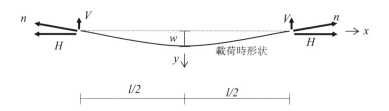

図 2.1.3.4　等分布荷重 p を受けるスパン l のケーブル

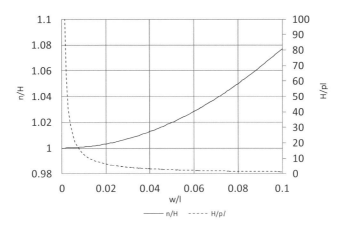

図 2.1.3.5　等分布荷重 p を受けるスパン l のケーブルにおける
w/l と $H/(pl)$ および n/H の関係

$$\text{端部軸力}：n = \sqrt{H^2 + V^2} = \frac{pl}{2}\sqrt{\left(\frac{l}{4w}\right)^2 + 1} \tag{2.1.3.4}$$

ここに，w はケーブル中央のたわみ（サグ）である．釣合い形状 w/l と H/pl および n/H の関係を図示すると図 2.1.3.5 のようになる．これらの関係より，ケーブルスパン l と単位長さ当たりの荷重 p，およびたわみ w を与えれば，水平方向の反力および軸力を求めることができる．w が大きいほど軸力 n は小さくなる．

以上の関係は，たわみ w を含めた最終的な釣合い形状がわかっている場合に用いることができるが，実際は荷重が加わることによりケーブルが伸び，その分，さらにたわみ w が増える．このようなケーブルの伸びを考慮した釣合いの近似式として次式がある．

$$\frac{l}{8w}\sqrt{1 + 16\left(\frac{w}{l}\right)^2} = \frac{EA}{pl}\frac{8}{3}\left(\frac{w}{l}\right)^2 + \frac{h_0}{pl} \tag{2.1.3.5}$$

ここに，E はケーブルのヤング係数，A は断面積，h_0 はケーブル初期張力である．

これらの関係を $l = 10\,\text{m}$ とおいて，ナイロンロープ（$E = 2{,}300\,\text{N/mm}^2$）と，ワイヤロープ（$E = 97{,}110\,\text{N/mm}^2$）を用いた場合のそれぞれに関して初期張力とたわみ，および軸力の関係図を描くと図 2.1.3.6，2.1.3.7 のようになる．

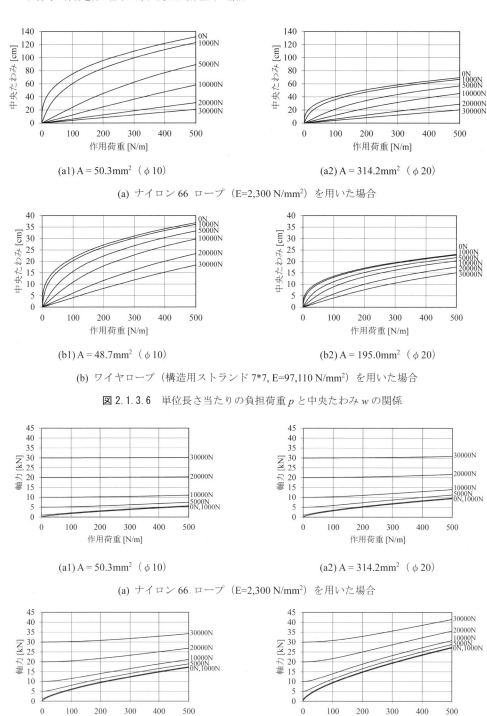

(a1) A = 50.3mm² (φ10)　　　　　(a2) A = 314.2mm² (φ20)

(a) ナイロン66 ロープ（E=2,300 N/mm²）を用いた場合

(b1) A = 48.7mm² (φ10)　　　　　(b2) A = 195.0mm² (φ20)

(b) ワイヤロープ（構造用ストランド 7*7, E=97,110 N/mm²）を用いた場合

図 2.1.3.6　単位長さ当たりの負担荷重 p と中央たわみ w の関係

(a1) A = 50.3mm² (φ10)　　　　　(a2) A = 314.2mm² (φ20)

(a) ナイロン66 ロープ（E=2,300 N/mm²）を用いた場合

(b1) A = 48.7mm² (φ10)　　　　　(b2) A = 195.0mm² (φ20)

(b) ワイヤロープ（構造用ストランド 7*7, E=97,110 N/mm²）を用いた場合

図 2.1.3.7　単位長さ当たりの負担荷重 p とロープに発生する軸力 σ の関係
（右端の数値は各々の初期張力の大きさを表す）

同径のロープ同士を比較すると，初期張力が小さい場合，同じ荷重の大きさでは，より柔らかいナイロンロープにたわみ量が顕著に表れる．しかし，初期張力レベルを上げていくと，たわみ量の差異は，小さくなる．ロープに発生する軸力を比較すると，柔らかいナイロンロープの方が軸力の変化が小さい．逆に硬いワイヤロープはたわみが少ない分，軸力レベルが上がる．初期張力レベルを上げていくと，軸力変化は若干少なくなる．これらの軸力は端部反力として既存構造にかかることになる．柔らかくたわみが大きいロープの方が力学的には有利であることが解ける．

(2) ネットの力学

落下防止ネットを構成する目の細かいネットやメッシュは落下物を直接受け止め，荷重を補強ケーブルへ伝える役割を果たす．天井面積が十分小さい場合は，ひとつの連続したネットだけで天井の荷重を受け，補強ケーブルは周辺のみに配置してネットの荷重を集めて周辺構造体へ伝えるという構成にすることもできる．

自重を受ける矩形の等張力膜の近似式として，次式が知られている．この式により，落下物を支えるネットの単位長さ当たりの張力を概算することができる．

$$\frac{N}{ap} = \frac{16}{\pi^3}\frac{a}{w}\sum_{n=1,3,5,\cdots}^{\infty}\frac{(-1)^{(n-1)/2}}{n^3}\left[1 - \frac{\cosh(n\pi y/2a)}{\cosh(n\pi b/2a)}\right]\cos\frac{n\pi x}{2a} \qquad (2.1.3.6)$$

ネットの平面形状を正方形 ($a = b$) とすると，上式は次式のように簡単に近似できる．

$$N = 0.5\frac{pa^2}{w} \qquad (2.1.3.7)$$

平面形が長方形のネットの場合，同じ面積で同一サグ w の等しい正方形ネットと考えて張力 N を計算すれば安全側の評価となる．

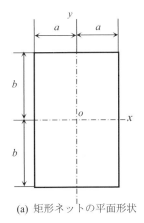 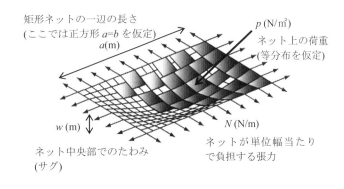

(a) 矩形ネットの平面形状　　　　(b) 矩形ネットの概形と各条件

図 2.1.3.8　矩形ネットの概形

(3) その他の注意事項

　落下防止ネット等のフェイルセーフは，既存建物における人命保護の措置として採用される場合が多いと考えられる．このような場合には，落下防止ネット等が受ける荷重を既存の構造躯体へ確実に伝える必要が発生する．伝えるべき荷重は，初期張力と，想定される落下物がすべて落下した時の荷重である．これらの水平反力は，鉛直方向に作用している重力に比べて非常に大きくなる場合が多く，定着部分のディテールには十分注意する必要がある．例えば，既存の鉄骨躯体に補強ケーブル等を定着する場合，図 2.1.3.9(a)に示すような単なる摩擦を用いた方法は，保持できる荷重が低いので注意する必要がある．例えば，(b)に示すような詳細にするなど，非常時に期待された性能を発揮するために，定着部の設計施工には十分注意をしなくてはならない．

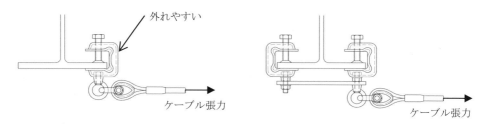

(a) 抜けやすく支持耐力が低い例　　(b) より支持耐力の高いクランプの利用例

図 2.1.3.9　既存鉄骨躯体への定着の例

　また，鉄筋コンクリートの構造躯体に対しては，あと施工アンカーなどが用いられることが多いと考えられるが，アンカーの性能や使用方法をよく理解して用いることが重要である．

　鋭利な部分を持った高所からの落下物を支える可能性がある場合には，これを受けるネットやメッシュの切り裂き等に対する検討も必要である．鋭利な落下物に対する安全性に関しては，例えば労働基準法の保護帽の試験方法などを参考にすることもできる．

　一般に，落下防止ネットは意匠性が低いと考えられている場合が多い．今後は，より意匠性の改良された設計例や素材の提案が望まれる．落下防止ネットが既存の天井のデザイン的な刷新と人命保護確保の双方に役立つように活用されればその意義は大きい．

　一方，天井材を天井裏側から別吊りする落下防止ワイヤは，既存の天井のデザインを損なうことなく人命保護を確保することが可能である．但し，天井板そのものの落下防止を有効に行うのにはディテールの工夫が必要となる．一般に「ワイヤメッシュ」とよばれる金属網状の重量天井があるが，落下時には大きな危険を生じる．このような天井材は，網状部分に落下防止ワイヤを取り付けることが容易であり，落下防止ワイヤの採用が適していると考えられる．

図 2.1.3.10　ワイヤメッシュの落下事故例

　設備機器に関しては，電球交換を目的とした昇降式の照明などがある場合は，ネットの下面にのみ穴をあける等の方法がとられる場合もある（図 2.1.3.1(a)）．照明を LED 等の寿命が長く軽量で交換の必要性の少ないものに更新する方法も近年多く用いられている．大型のスピーカー等は落下防止ワイヤを用いるか，床置き型などに更新する方法もある．

参 考 文 献

1) 日本建築学会：ケーブル構造設計指針・同解説，1994.6
2) 小澤祐周，川口健一：非構造材落下防止ネットの力学と形状に関する基礎的考察，構造工学論文集，Vol.56B，pp.517-520，日本建築学会，2010.3
3) 日本膜構造協会：膜天井ガイドライン，2014.11
4) 日本建築学会：非構造材の安全性評価及び落下事故防止に関する特別調査委員会「天井等の非構造材の落下事故防止ガイドライン」，2013.3 版

2.1.4 準構造

> 機能的に大きな質量を必要とする天井は「仕上げ材」の延長で処理せず，天井面を含むすべてを「構造」として計画・設計・施工し，建物が構造的に倒壊する以前には決して脱落，落下することのない安全性を持つ構造部材として実現する．

音楽ホールの音響性能など建築空間の基本的な性能実現のために，高所に質量の大きな面がどうしても必要な場合がある．このような場合は，これらの質量のある面を仕上げ材の延長で実現することを止め，設計当初より支持構造から天井面までを含むすべてを「構造」として計画・設計・施工し，主要構造部とまったく同等の安全性を持つ部材として実現する．そうすることで建物倒壊以前に建築空間に重量のある天井等が落下することを防ぐことが可能となる．このように，建物を支えるためではなく音響性能などの機能実現のために用いられる構造材を，本書では「準構造」と呼んでいる．

目的が主要構造部とは異なるので「準構造」と表現するが，使用材料の管理，構造設計，構造計算そして構造材としての施工・監理がなされる部材であり，「準優勝」という言葉の「準」のように，「構造」の次くらいに強ければ良いという意味ではない．

高所設置の仕上げ材は，人命保護の確保が最優先であり，材料そのものに軽量柔軟なものを用いることが望ましいが，様々な理由で軽量柔軟な材料が利用できない場合がある．典型的な例として劇場やコンサートホール，映画館等の場合，音響性能上の要求から質量の大きな天井や仕上げ材を高所に設置したいという強いニーズが発生する．このような場合，これまでは一般的に繊維混入石こう板の重ね貼りにより天井がつくられる場合が多い．しかし，ボード材料のビス固定耐力は湿度影響を受けやすく，繰返し外力に対して徐々に耐力低下していくおそれがある．また，温度変化による強制変形の繰返しも損傷を広げる要因となる．さらに想定を超える地震動などに遭遇すると，特定の部位への応力集中と繰返し荷重により損傷する懸念が残る．そこでボード材料などの仕上げ材による天井にすべてを要求することを止め，設計の初期段階から音響制御という機能を実現するために，構造材料を用いて構成する重量面を考えることが必要である．ここで，構造材料を用いて構造材と同様に設計・施工されるこの部材は，建物重量を支えるのではなく，音響制御材としての機能を実現する部材であることから「準構造」と呼ぶ．その実現のためには，音響制御のための重量面材とそれを支持する構造材を建物の基本計画段階から設計に組み込み，設計・施工する必要がある．重量面材を仕上げ材のように吊ったりビス止めをしたりするような工法を用いないで，PC板など構造材と同等のレベルで品質を管理された部材そのものを音響制御用面材として利用して，支持する構造体に直接取り付けるようにする．さらに美観上の仕上げ材が必要であれば，準構造の下に安全性評価により安全と判断される軽量柔軟な仕上げ材を設置することが考えられる．設計の段階から構造材として設計・施工された大型の「ぶどう棚」を設ける構法は，吊り長の長い吊り天井を避けることができ，設備の納まりも良いが，これに通常の天井材を取り付けたものは，準構造ではない．あくまでも天井面まで構造材として一体に作ったものが準構造としての天井である．

一方，既存施設で重量天井がある場合は，様々な制約から準構造への改修は容易ではない．既存施設での「人命保護」の実現のためには，落下防止ネット等の設置がひとつの有効な落下制御法である．構造躯体にアンカーされた十分に強いケーブルとネットを組み合わせた堅固な落下防止ネットや落下防止ワイヤで落下制御を行い，人命保護を確実にする必要がある．

図 2.1.4.1 に重量天井における準構造の考え方を示す．図 2.1.4.1 にあるように，準構造は当初より構造材として設計・施工することで，人命保護と天井の機能を確実に実現するものである．

劇場やコンサートホール等の音響天井のように質量の大きな天井が必要な場合は，これを仕上げ材の質量に頼ることなく，PC 板などを用いて，準構造として安全に実現することが必要である．このような天井の設計では，設計初期の段階から建築・構造技術者と音響技術者が密接に協力して，重量面材の使用材料や形状を決めなければならない．設計者は，確実に安全な建物を実現するために，施工性の問題や建設コストの増加の問題まで踏み込んだ検討を行うなど，これらの障害を乗り越えなければならない．

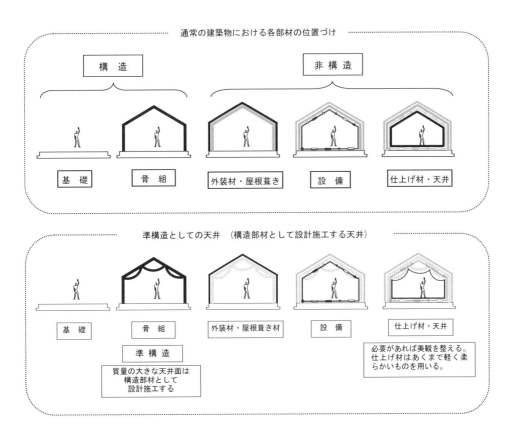

図 2.1.4.1 重量天井等における準構造としての天井

2.2 機能維持

> 人命保護を確保したうえで，必要に応じた機能を実現する．実現すべき機能は建築空間の用途等と発注者側の要求によって様々に異なる．平時の機能実現に加え，非常時の機能維持が要求される場合は個別に検討する．

人命保護を確保したうえで，必要に応じて機能維持を実現する．

確実な「人命保護」を実現したうえで，さらなる要求として機能の実現がある．実現すべき機能は，建築空間の用途と発注者側の要求によって様々に異なる．平時の機能実現に加え，非常時の「機能維持」が要求される場合は，「どのような外乱のどのようなレベルに対して，どのような機能を維持するか」という個別の問題が生じ，発注者と設計者，施工者等の間で十分に合意形成をし，実現していく必要がある．

2.2.1 機能実現と機能維持

> 天井等の非構造材の実現する機能を適切に把握すると同時に，想定される損傷や劣化が施設や空間の機能維持に与える影響について予測し，要求される機能の実現および維持を達成する．

　対象としている空間に要求される機能を実現するために，天井の存在によって実現される機能について整理し把握することが重要である．さらに，確実な人命保護を実現したうえで，要求される機能と災害時等における機能維持の実現について検討する．

1．天井に求められる様々な機能に関する整理

　天井は，視界に入っている割に意識されにくい存在であり，天井裏に設置されている設備機器やダクト，大梁，小梁等を覆い隠す役割も果たしている．

　天井は明るさ，室内空気質，音，避難安全性，室内気候など多くの空間性能と関連があるが，これらは以下の3点に大きく分類することができる（表2.2.1.1）．

- 室内空間に本来期待されている機能を実現するためのもの（視覚，空調など）
- 特定の性能を実現するために必要なもの（音響性能，高度な空気管理など）
- 火災に関する防災機器，感知器の保持や煙の流動を制御するためのもの（火災）

　視覚や空調など室内環境の快適性にかかわる天井の機能については，室内居住域に天井面が果たしている役割と同程度に天井裏が果たしている役割が重要である場合もある．

　音響性能では，遮音，吸音，反射等の実現が天井面に期待されている．音楽ホールなど音響性能が重要である施設においては，壁面と並んで天井が性能面に果たす役割は大きい．

　火災に関する天井の機能は，室内で火災が発生した場合の非常事態のみに期待されるもので，法規等1)による規制が多く存在する．

2．直天井化と軽量柔軟化

　天井の機能を念頭に置いたうえで，以下の検討をしたのが，表2.2.1.1の右側の2列である．

- 直天井化
- 軽量柔軟化

　音響性能の一部を除けば，何らかの工夫により要求機能を発揮できることが多い．

表 2.2.1.1 天井に求められる様々な機能

分類			求められる性能や役割
室内空間に本来期待される機能の実現	視覚	照明 / 昼光利用	・窓・天窓からの採光時の天井面の反射を利用
		照明 / 照度	・天井面は背景として，反射面としての明るさの感覚に寄与
		照明 / その他	・照明器具の保持，照明による光の分布
		サインなど	・サインの保持やワイヤーメッシュ天井からの吊り下げ ・サインの見やすさ
		映像，舞台	・映像スクリーン機能 ・舞台やスクリーン ・ピクチャーレールの保持
		安心感，空間のグレード感	・設備機器類やダクト，排管等を隠蔽 ・圧迫感や開放感，また空間のグレード感
	空気	空調 / 冷暖房，換気	・空調機器の保持 ・天井チャンバーなど ・天井形状による気流の誘導
		空調 / 適切な空調ボリューム	・室内の気積を天井の高さで制御
		室内空気質	・VOC 等 ・汚染物質の封じ込め
		断熱・結露・落滴防止	・天井による断熱効果（最上階） ・天井形状による結露水の誘導や落下防止（プール，浴場等）
		清潔・防塵	・耐火被覆材や塵かい類の落下を防止 ・厨房等では天井は衛生面から必要
特定の性能の実現	音	遮音	・屋根，上階からの音侵入防止（外部騒音，雨音など） ・遮音性能は天井の質量に依存
		吸音	・吸音性，音声明りょう度，話しやすさ
		反射 / 反射音，残響音 スピーチプライバシー 空間認知	・反射性能は天井の質量と形状に依存 ・可動式反射板の天井設置による音響可変性の実現 ・室内の反射音での空間認知 ・スピーカー等音響機器の保持
	空気質	高度な空気管理	・温湿度の制御 ・空気清浄度，クリーン度
火災安全性との関連	煙制御	排煙口の保持 排煙ダクト 防煙垂壁等	・天井面は煙たまりの界面 ・天井チャンバー排煙 ・防煙垂壁の設置
		蓄煙機能	・火災時の蓄煙・希釈効果．天井が低い場合，煙が降下する時間は短く危険側
	不燃性能など（内装制限）		・屋根スラブにウレタン等の断熱材を施す場合，不燃性能等が確保しづらい．不燃などの天井を張ることで解決可能 ・壁は難燃でも天井は準不燃以上など，壁より厳しい要求 ・重い不燃材は火災時に落下しやすく，消防活動上危険
	防災機器の保持	感知器，スプリンクラー，非常用照明，誘導灯	・天井がなくても別の方法で設置は出来る．スプリンクラーなどは設置位置によっては機器の性能を上げる必要がある

求められる性能や役割	軽量化可能性	直天井化の可能性
背景や反射面として明るさの感覚に寄与／サインなど／昼光利用	○	△
	○	△
	○	△
	○	△
安心感，空間のグレード感／室内上部が暗ければ，天井材によって設備機器等を見えなくする必要性は低くなる	○	△
	○	△
空調機器の保持／汚染物質の封じ込め／断熱，結露防止	○	○
	△	△
	△	△
天井形状による気流の誘導／結露水誘導，落滴防止	○	△
	△	×
遮音／吸音／反射（反射音，残響音）／天井の高さ，天井材，形状などは，反射音・反響音などを介して空間認知の手掛かりになる．視覚障がい者の多くは鋭敏な感覚によりかなり正確に空間を把握できる	△ 屋根スラブで代替	△
	× 天井材の質量への依存が大	×
ISS (Interstitial Space) 高度な空気管理が必要なクリーンルームや病院などにおける，設備保守管理のための天井裏のスペース．間仕切りの変更にも追従しやすい	△	×
防災機器や感知器の保持／排煙ダクト，排煙口，排煙窓，防煙垂壁との関係／スプリンクラーなどは設置位置によっては機器の性能を上げる必要がある／自然排煙窓は，天井との関係で位置を決める	○	△
	○	△
蓄煙機能／天井チャンバー方式／火災時の蓄煙，煙の希釈に関しては，天井が高い方が有利．直天井はその意味で有利になることが多い／天井チャンバー排煙は，天井の存在が前提となる機械排煙方式	○	○
	○	○

○：対応可能　△：性能が低下するが対応可能　×：対応不可能

3. 天井の損傷・落下による機能維持への影響

　天井の損傷・落下等によって機能維持に支障を来すことについてはおおむね「空間機能の喪失」，「空間使用上の困難」，「ファシリティへの損傷」の3つに分類できる（表 2.2.1.2）．

表 2.2.1.2　天井の損傷・落下と機能維持への支障

空間機能の喪失	空間使用上の困難	ファシリティへの損傷
天井が存在することで保持されていた性能や機能が，天井の損傷により失われること．それにより室空間の本来の目的が果たせなくなる．	落下した天井材等が散乱し，足の踏み場がなく，またそれらの除去が困難であり，執務や接客等の業務を継続することが困難になる．	天井落下が，室内の重要な設備や備品に損傷を与えるケース．塵かい等による汚染なども含まれる．非居室で重要な機器類のある室などが多く該当する．

■天井損傷による音響性能（反射や吸音など）やスクリーンとしての機能の喪失が機能維持に影響を与える． 　例）音楽ホール，スタジオ 　　　映画館，プラネタリウム ■天井内の設備（空調ダクトや空調機，配管類など）や，天井によって保持されている設備（照明，吹出し口など）が損傷することも機能の喪失である． 　例）クリーンルーム，事務室 　　　恒温室 ■天井があることで保持されている防災性能低下や，防災機器の損傷による，安全性低下や法不適合もある． 　例）多くの建物，室	■天井の過半の落下や大規模な崩落では，機能維持への影響が深刻になる． 　例）事務室，工場，体育館 　　　プール，駅施設，学校 ■小規模の落下でも，余震等による落下の不安から使用困難になることが多い． ■廊下やエントランス部分での天井の落下・飛散は，避難者への脅威となるばかりでなく，救助・救命さらには復旧活動を妨げる． 　例）超高層オフィス 　　　大型商業施設 　　　ロビー，ホワイエ	■小規模でも重要設備の損傷は，施設全体また施設外のインフラや社会に至るまで影響を与える． 　例）データセンター，電算室 　　　インフラ施設，研究所 　　　駅施設，放送局 ■保管物や生産設備に対する損傷は機能維持に影響を与える． 　例）倉庫，工場 　　　アミューズメント施設 ■手術室や集中治療室で，施術や生命維持装置などへの損傷は，患者の生命維持に影響が大． 　例）病院 ■スプリンクラー損傷により不慮の放水が発生した場合，水損被害や火災部分への放水量不足が懸念される． 　例）多くの建物，室

　以上，3つに分類したが，実際はこれらが複合して機能維持に大きなダメージを与える場合が多いと考えられる．

4. 平時の機能と非常時，災害時の機能

人命保護を確実に実現したうえで，さらなる要求として機能維持がある．平時の機能に加えて，非常時の「機能維持」は，建物の用途や災害等や外乱の種類，レベルによって個別に対応していかなければならない．

交通，インフラ，物流など非常時には平時と同等の業務継続を強く要求される施設である．また行政機関や病院，放送局のように，災害時業務が平時の負荷よりも一時的に大きくなる室や施設もある．一方，体育館や研修施設のように，その施設が有している本来の用途とは異なる機能を災害時に期待される室や施設もある．

以下，表 2.2.1.3 に，災害時（主に震災時）に要求される機能維持の考え方を平時との比較によって施設の整理を試した．「表 2.2.1.1　天井に求められる様々な機能」や，「表 2.2.1.2　天井の損傷，落下と機能維持への支障」と合わせて参照されたい．

表 2.2.1.3　災害時の機能（主に震災時を想定）

	災害時の業務の負荷と必要な機能	該当施設の例
災害時にも，平時の業務継続を強く求められる	・交通やインフラ関連施設は，災害時であっても安定したサービスの提供が求められる． ・物流，製造，通信，金融，エネルギー関連では，災害時でも業務継続・維持への要求が大きい． ・原子力関連施設，化学プラント等危険物取扱い施設では，最低限の安全管理業務は行われる必要がある．	・駅 ・空港 ・バスターミナル ・物流施設 ・基幹部品の製造工場
災害時業務が平時負荷を一時的に超過	・発災等により，施設本来の業務が通常時より増加する．公共サービスや公共性の高い施設が該当． ・防災拠点や指令室などの機能が強まる． ・業務遂行に必要なファシリティは，天井材等の落下物による損傷を受けてはならない．	・病院 ・行政機能 ・通信，報道 ・企業の HQ，BCP 部門 ・データセンター
災害時には，平時と異なる機能を期待される	・大空間施設等は，帰宅困難者のための一時滞在施設 注1) など，避難者の収容を期待されることが多い． ・就寝，食事その他一時的な避難生活に必要な室内環境の維持やサービスの提供も期待される． ・平時は会議室等だが，発災後は防災拠点や指令室などになることを期待される部屋もある．	・体育館 ・集会場 ・大規模施設のエントランスホール ・ホテルの宴会場 ・学校 ・研修施設

注1) 例えば，東京都は，大規模災害発生時の混乱を抑制するため，「東京都帰宅困難者対策条例」を定め，都立施設等 200 施設を大規模災害時に帰宅困難者を受け入れる一時滞在施設として指定している．

帰宅困難者対策ポータルサイト - 東京都防災ホームページ
http://www.bousai.metro.tokyo.jp/japanese/kitaku_portal/

5．用途別の整理

　主要構造部の工法については，建物用途や特性に応じて検討選択がなされている．一方，天井等の非構造材の工法に関してこれまで建物用途や空間の特性に応じて必ずしも十分に配慮された選択がなされてきたとは言えない．

　人命保護の観点からの落下防止対策を確実に実現し，続いて発注者と合意された機能維持を実現する天井を設計するためには，建物用途に応じた利用者の特性，空間の特性，外乱の影響さらには経年劣化特性などを十分に理解する必要がある．

　利用者の特性
- 室内の人口密度
- 幼児，病人，障害者，高齢者など身体的耐性の低い弱者の存在
- 災害時の避難能力に影響する要因の有無
- 不特定多数か否か
  - …など

　空間上の特性
- 天井に要求される機能
- 天井高
- 天井の意匠
- 懸垂物の有無と種類
- 室内の湿度
- バリアフリーか否か
  - …など

　外乱の影響
- 振動
- 風圧
- 湿気
- 温度変化
  - …など

　表 2.2.1.4 に利用者の特性，空間の特性をもとに，天井の落下被害が及ぼす影響，求められる機能維持の例示，またその天井の落下防止，損傷制御対策例などについて概観，整理を試みた結果をまとめている．

　この表には一般的な特性や課題を例示している．実際の設計，施工，改修の場面では，個別の検討や発注者要望などをもとに，具体的かつ踏み込んだ対応が必要である．

表 2.2.1.4 空間・利用者の特性と天井に要求される性能，落下防止に向けての課題 (1)

用途		音楽ホール 劇場 映画館	講堂 会議場 食堂	物販店舗 モール
利用者の特性		・人口密度が高い（1.0 人/m²程度）． ・没頭や熱中． ・子供連れ等が多い．	・人口密度が高い場合が多い．	・人口密度が高い． ・不特定多数． ・子供連れ等が多い．
施設・空間の特性 天井に要求される性能		・音響性能重視で天井材は重くなりやすい． ・音響性能重視で天井は凹凸，傾斜など形状複雑化． ・広大な天井裏空間． ・音響設備等の吊り物． ・性能上，天井高（気積）が必要． ・出演者，演奏者の上にも吊り物が多い． ・上演中，館内は暗い． ・床段差が多い． ・群衆パニックとなりやすい．	・吸音など音響の配慮． ・照度分布や照明演出． ・施設の顔や中核としての意匠性（折上げ天井等）． ・室面積が広くなるとともに，天井は高くなる傾向．	・照度分布，演出照明． ・自然採光（天窓）も多い． ・多数の防煙垂壁． ・商品，什器等の物品多い． ・折上げ天井，間接照明． ・モールや広い売り場では天井高い． ・案内板等の懸垂物． ・ワイヤーメッシュの重量天井も多い．
人命保護に関する課題		・避難に長時間を要す． ・高所からの重い天井材落下対策．	・在室者が多いため，避難に長時間を要す．	・混乱，パニックのおそれ． ・ガラスの防煙垂壁やサイン，吊り物などが高所からの落下の懸念． ・増改築や模様替えが頻繁であり，天井や下地の不連続，不整合の懸念．
機能維持の求められる例		・文化施設としての早期の復旧． ・復旧に長期間を要する場合，地域社会や事業への経済的影響がある．	・災害時の防災拠点，指令室． ・災害時の情報拠点． ・避難者の収容．	・商品へのダメージの最小化． ・早期営業再開．
対策例	天井	・必要な音響性能の見極め． ・準構造の採用． ・フェイルセーフの採用． ・可動式重量設備等の確実な落下防止．	・天井材は軽量柔軟なものに．または準構造の採用．	・天井材は軽量柔軟なものに． ・天窓等にはフェイルセーフを考える． ・防煙垂壁を軽量柔軟なもの（シート製）などにする． ・安全な天井材にあった意匠の選択．
	建築計画	・無理なく迅速な避難が行える計画． ・十分な避難用出口．	・無理なく迅速な避難が行える計画． ・十分な避難用出口．	・無理なく迅速な避難が行える計画． ・日常の動線と避難動線をなるべく一致させる．

表 2.2.1.4 空間・利用者の特性と天井に要求される性能，落下防止に向けての課題 (2)

用途	博物館 美術館	ロビー ホワイエ アトリウム	幼稚園 養護施設 老人施設
利用者の特性	・展示によっては子供が多い． ・人口密度は極端に高い場合も．	・人口密度が高い． ・不特定多数．	・避難・防御能力低い災害弱者． ・行動予測が難しく誘導が必要（幼児，加齢者）．
施設・空間の特性 天井に要求される性能	・天井が高い． ・凹凸，傾斜ある天井（空間）． ・厳密な温湿度制御が要求される．	・施設の顔としてのグレード感と意匠性が要求されることが多い． ・屋外に面することが多く，風や湿気が浸入しやすい． ・吹抜けやトップライトが採用される場合も多い． ・オブジェ等の吊り物も多い．	・遊戯室や集会室などは天井が高い． ・近年，オフィスビルや商業施設への併設も見られる．
人命保護に関する課題	・狭所（通路）をふさぐ形での天井落下に注意．	・避難用の通路をふさぐような天井等の落下に注意． ・風，湿気の浸入による影響．	・混乱，パニックが起きやすい．
機能維持の例（求められる）	・重要物（貴重，文化的，歴史的展示物）の保護．	・災害時の地域防災拠点． ・避難者の収容．	・避難者の収容． ・生活の維持．
対策例 — 天井	・軽量柔軟で安全性の高い天井材の選択とそれにあった意匠の選択．	・落下の危険性が少ない意匠の選択． ・軽量柔軟な天井材とする． ・懸垂物の落下防止対策．	・利用者の耐性が低いため，特に軽量柔軟で安全性の高い天井材の選択が望ましい．
対策例 — 建築計画	・避難動線の確保． ・床の段差をなるべく少なくする．	・ロビー等を通らない避難動線の確保． ・十分な避難用出口．	・災害弱者の避難計画と安全な滞留場所の確保．

表 2.2.1.4 空間・利用者の特性と天井に要求される性能，落下防止に向けての課題 (3)

用途		体育館 アリーナ	プール 公衆浴場	病院
利用者の特性		・様々なイベント． ・幅広い利用者層． ・利用時は人口密度が高い． ・ロックコンサート時の縦ノリ等の集団運動．	・露出した肌と裸足． ・眼鏡を外している場合が多い． ・子供が多い． ・迅速な避難が困難．	・多数の要援護者，災害弱者． ・入院患者の多くは横たわった状態に（臥位）． ・医療スタッフ．
施設・空間の特性　天井に要求される性能		・大スパンの大規模集客施設となる場合が多い． ・非常に高い天井（スポーツ競技の要請等による）． ・アーチ状，切妻状等の中央部が高く，斜め，曲面，段差の多い天井． ・観覧席が設けられている． ・照明，空調，スピーカー，電光掲示板などの大型設備機器． ・建物全体の熱膨張収縮の繰り返し． ・雨漏りの発生も多く，天井材劣化損傷の要因となる．	・大スパンの大規模集客施設となる場合多い． ・プール，プールサイド，観覧席の構成． ・音響，意匠上の要求により，斜め，曲面，段差の多い天井． ・高温高湿による天井部への結露水蓄積や塩素による下地鉄骨の腐食，カビコケなど発生． ・使用時，閉館時の温度変化による膨張収縮の繰り返し． ・床が滑りやすい．水勾配．	・受付ロビー等の大空間と病室や検査室，処置室などの小さな諸室． ・廊下が多い． ・診療部門の複雑な動線． ・細菌浸入，拡散防止など高度な空気質管理が要求される． ・天井裏に多数の設備 ・手術室など高いクリーン度が要求される室では，天井の納まりが制約を受ける．
人命保護に関する課題		・高所大面積かつ異形の天井が多く最も注意を要する．	・高所大面積かつ異形の天井が多く最も注意を要する． ・非地震時の天井落下が特に発生しやすい． ・迅速に身を守ることが困難． ・落下した天井材や下地材等を裸足で踏んでけがの恐れ．	・耐性の低い災害弱者多数． ・治療の現場や医療機器に対する天井落下等がある場合，患者の生命維持に対する脅威となる． ・天井裏設備の落下防止． ・廊下が多いので避難経路をふさぐような天井落下に注意が必要． ・横たわった状態では頭部と天井の距離が長く，天井落下の身体への影響が大に．
機能維持の例 求められる		・避難者の収容． ・避難者の一時的な生活支援のための機能維持．	・公共施設としての機能． ・入浴などによる健康維持．	・災害時には平時を上回る医療提供能力が求められる． ・ロビー等では避難者の収容．
対策例	天井	・直天井が望ましい． ・軽量柔軟で安全性の高い天井材の採用． ・フェイルセーフ． ・重量設備等の高所設置を避ける．もしくはフェイルセーフ，準構造によるぶどう棚上に設置．	・十分な湿度対策，防錆防腐処理． ・天井裏の換気や温湿度コントロール． ・水分の影響を受けない天井材採用 ・直天井の検討．	・軽量柔軟で安全性の高い天井材の採用を基本とし，準構造の採用を含めて最大限の機能維持を目指す．
	建築計画	・観客席，観覧席の天井は低くする． ・十分な避難用出口．	・十分な避難用出口． ・プールサイドは天井を低くする． ・天井裏の点検を容易にする措置．	・災害弱者と災害時重要機能に配慮した多角的で十分な防災計画．

表 2.2.1.4 空間・利用者の特性と天井に要求される性能，落下防止に向けての課題 (4)

用途	駅舎 空港 交通施設	宿泊施設	行政機能を有する建物
利用者の特性	・不特定多数. ・滞留と流動. ・ほぼ24時間人がいる場合が多い.	・ロビー等は不特定多数. ・24時間人がいる. ・宴会等利用では多人数.	・不特定多数. ・消防，警察などは24時間稼働.
施設・空間の特性／天井に要求される性能	・鉄道による常時の振動. ・列車による風圧変化，騒音. ・音響性能（放送等の聴き取り）. ・多数の懸垂掲示物（災害時避難誘導灯を含む）. ・天井裏に多数の設備と情報網. ・エントランスホールやコンコースは天井高の高い大空間. ・ホーム等半屋外部分では，風圧，雨水等による天井材の劣化. ・階段やエスカレータなど移動空間多い．それらに伴う斜め天井も多い.	・宿泊部門，料飲部門，宴会部門，ロビー，店舗など様々な用途や空間の複合. ・ロビーや宴会場など大空間には高い天井やシャンデリアなどの懸垂型の装飾が多い. ・増築などが繰り返される事例が多い. ・高い天井，低い天井が連続し，高所の垂直面の面積も多い.	・執務空間，接客空間（受付），会議場，倉庫など様々な用途や空間の複合. ・エントランスホール等は天井高の高い大空間. ・築年数の古い建物も多い. ・増築などが繰り返される事例が多い.
人命保護に関する課題	・高所からの天井材や懸垂物の落下懸念. ・大人数によるパニック. ・避難経路の確保.	・高所からの天井材や懸垂物の落下懸念. ・大人数によるパニック. ・避難経路の確保.	・高所からの天井材落下懸念. ・築年数の古い建物では，天井材の経年劣化が懸念. ・避難経路の確保.
機能維持の例（求められる）	・公共交通としての機能維持. ・エントランスホールなどでは避難者の収容.	・避難者の収容. ・避難者の一時的な生活支援（臨時の宿泊所など）.	・平時を上回る行政サービス提供能力. ・防災拠点や指令室.
対策例 — 天井	・軽量柔軟な安全性の高い天井材の選択. ・直天井の検討. ・懸垂物落下防止対策.	・軽量柔軟で安全性の高い天井材の選択と，それにあった意匠の選択（特に宴会場やロビー）. ・懸垂物落下防止対策.	・軽量柔軟な安全性の高い天井材の選択と最大限の機能維持のための対策. ・議場等の天井は準構造が望ましい. ・室機能に応じた最適な天井工法の選択.
対策例 — 建築計画	・利用者の安全に配慮した避難計画と，交通拠点という社会的重要機能に配慮した十分な防災計画.	・災害時の十分な避難計画. ・高い天井のある空間を経由しない避難動線.	・社会的に最も重要な機能に配慮した十分な防災計画.

表 2.2.1.4 空間・利用者の特性と天井に要求される性能，落下防止に向けての課題 (5)

用途	放送局 データセンター	工場 物流施設
利用者の特性	・特定少数. ・サーバールーム等の非居室多い.	・特定少数. ・非居室多い.
施設・空間の特性 天井に要求される性能	・公共通信機能にかかわる場合は最大限の機能維持が必要. ・多量のコンピュータからの発熱. ・高度な空調が行われる. ・防塵，清潔. ・スタジオ等では放送設備や音響設備などの重量懸架物が多い.	・広大な空間. ・生産装置等が多数設置. ・常時の機械音，空気振動，固体振動等. ・防塵，清潔. ・自然採光. ・高度な空調. ・クリーンルーム等では，天井の納まりが制約を受ける.
人命保護に関する課題	・通常の居室に準じる.	・広大な天井. ・自然採光の場合は天窓空間も多く，ガラス面，垂直仕上げ面の落下にも注意が必要.
機能維持の例 求められる	・公共通信機能. ・重要データの保持. ・小規模の天井損傷や落下でも，コンピュータや機器への損傷に繋がれば，機能維持に重大な影響.	・生産の継続. ・原材料や完成品の保護. ・サプライチェーンの維持継続.
対策例 天井	・準構造の採用. ・室機能に応じた最適な天井工法の選択.	・直天井の検討. ・準構造の採用. ・軽量柔軟で安全性の高い天井材の選択と機能維持のための対策.
対策例 建築計画	・設備計画と建築計画の整合による機能維持.	・十分な防災計画.

参 考 文 献

1) 関連する法令の主なものを下記に記す．

・建築基準法施行令第 126 条の 2	排煙設備の設置
・同　　　第 126 条の 3	排煙設備の構造
・同　　　第 126 条の 4	非常用照明の設置
・同　　　第 126 条の 5	非常用照明の構造
・同　　　第 129 条	特殊建築物等の内装
・同　　　第 129 条の 2	避難上の安全の検証を行う建築物の階に対する基準の適用
・同　　　第 129 条の 2 の 2	避難上の安全の検証を行う建築物に対する基準の適用
・平成 12 年建設省告示 1436 号	火災が発生した場合に避難上支障のある高さまで煙又はガスの降下が生じない建築物の部分を定める件
・平成 12 年建設省告示 1439 号	難燃材料でした内装の仕上げに準ずる仕上を定める件
・平成 12 年建設省告示 1440 号	火災の発生のおそれの少ない室を定める件
・平成 12 年建設省告示 1441 号	階避難安全検証法に関する算出方法等を定める件
・平成 12 年建設省告示 1442 号	全館避難安全検証法に関する算出方法等を定める件
・消防法施行令第 12 条	スプリンクラー設備に関する基準
・消防法施行令第 21 条	自動火災報知設備に関する基準
・消防法施行令第 28 条	排煙設備に関する基準

2.2.2 各種損傷・劣化制御

> 天井等の非構造材の損傷や劣化によって建築空間の様々な機能が損なわれる場合がある．人命保護に加えて機能維持も行う必要がある場合は，あらかじめ想定される損傷や劣化に対して有効な対策を準備し，損傷や劣化を制御することで，これらの機能を維持する．

天井等の非構造材には地震以外にも様々な原因により落下事故が発生している．ボード類の吸水による強度低下など，取付け環境や取付け方などにも配慮が必要である．

また，外部の軒天井などは外装と同等の耐風圧設計が必要であり，常に風の圧力変動などを受けるような環境では下地材の金属疲労にも配慮が必要である．

1．天井材料の特性

(1) 最も普及している石こうボード

天井の下地材としてよく使用されている石こうボードは，通常，軽鉄下地にタッピンビスで取り付けられている．過去の試験データによると，石こうボードに対するボード用釘の貫通力は1本当たり390N～490N程度となっている．釘のピッチは一般的に中央部で@200，野縁はピッチが@360であるから釘1本の負担面積は$0.07m^2$，負担する荷重は7N程度であるが，ある実験では鉛直加速度1.7G程度で図2.2.2.1のようなビスの頭抜けによるボードの脱落が発生している．同様なボードだけの脱落事故は2011年の東日本大震災でも報告されている．原因は特定されていないが，石こうボードは石こうを両側から紙でサンドイッチした材料であり，図2.2.2.2に示す通り，ビス頭がボード用紙を破損して石こう部分に食い込むと，引き抜き強度が極端に低下する．ビス頭がボード用紙を破損しにくいトランペット型のビスを使用し，製造者等の注意事項をもとに所定の強度が確保できるようにするなど，施工管理上も特に注意が必要な材料である．

図2.2.2.1 振動実験でビスの頭抜けにより脱落した石こうボード

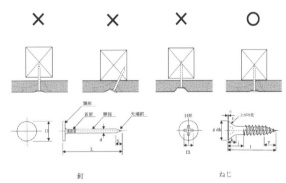

図2.2.2.2 石こうボードの留め方と専用の釘とねじ[5]

(2) 石こうボード等の吸水率と強度

石こうボードのような一般的な天井材料は水に長時間浸漬すると80％程度の吸水があり，そのときの強度は1/2以下に低下することが知られている．したがって，高温多湿空間における天井材は透湿抵抗の高い材料とし，水蒸気の天井裏への浸入を防止するとともに天井裏での結露を防止する必

要がある．石こうボード下地の表面に断熱パネルを張っていたプールの天井で，石こうボードが結露水を吸収して，重さに耐えきれず脱落する事故が発生している．このような事故は石こうボードばかりでなくケイ酸カルシウム板を下地とした天井でも起きている．

石こうボードは JIS A 6901 で含水率3%以下，吸水率は10%以下となっている．この吸水率は水中に2時間浸漬した状態での基準値であるが，ある実験によれば，JIS A 5430 に準拠して水中に24時間浸漬すると，石こうボードの吸水率は80%強，シージング石こうボード（防水石こうボード）でも 60%程度の吸水率となった．さらに，吸水した石こうボードについては長さ 1000mm に対し 3mm 程度の伸びもみられた．この実験ではシーラー処理の有効性も検証したが，吸水率に大きな差はなく，吸水防止効果は期待できないと考えられる．さらに湿潤状態と乾燥状態でビスの引き抜き強度試験を行ったところ，石こうボード，シージング石こうボードはともに強度比が 1/4 程度に低下している．

以上のことから，一般の天井材料は水分が長時間継続的に供給される環境では，天井材料の重量が増大するばかりでなく，強度の低下，伸びの発生によりボードの取付ビス周りが損傷しやすく非常に危険な状態となる．このような現象は温水プール，温浴施設などの結露水のほか，漏水やスケートリンク等の低温状態による結露によっても起こる可能性がある．

耐震を目的として周囲壁との間にクリアランスを設ける場合には，天井裏への湿気の浸入を制御することが困難になるので注意が必要である．

２．湿度等による劣化の対策

(1) 湿度の影響と対策

湿度による劣化防止策は，天井裏に高温多湿な空気が浸入することを防止することであり，天井面の気密性を確保することである．プール天井用の材料で気密性を取ることを目的とした材料も市販されているが，図 2.2.2.3 のように天井材の中間に不透湿層を挟み込む方法もある．また，図 2.2.2.4 に示す通り，温水プールなどでは殺菌のために使う塩素が塩素ガスとなって水蒸気とともに上昇する．この塩素ガスにより天井の軽鉄下地はもち論，鉄骨造の場合は躯体鉄骨が腐食するので，しっ

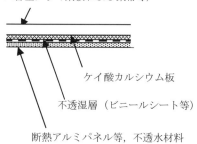

図 2.2.2.3 湿度による劣化の防止例

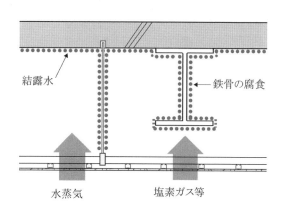

図 2.2.2.4 天井裏の結露と腐食

かりと気密性を確保するとともに，鉄部の防錆対策をしっかりとすることが重要である．同様に食品工場で殺菌のために使用される過酸化水素も腐食の原因となるので注意が必要である．

天井軽鉄下地の腐食対策については，ステンレス製，または JIS G 3323 溶融亜鉛-アルミニウム-マグネシウム合金めっき鋼板および鋼帯（亜鉛-アルミニウム，マグネシウムのめっき層をもつ溶融亜鉛めっき鋼板）同等以上のものとすることが考えられる．

また，天井と取り合う設備器具周りから水蒸気が天井裏に浸入して結露事故になる場合もある．設備を考えた場合，天井面全体で完全な気密性を確保することは極めて難しく，天井裏を加温空気で加圧し，天井裏空気の滞留と室内から天井裏への漏気を機械的に防止することがより確実である．また，この場合，加圧は結露防止の観点からプール等営業時間外でも適正に運転することが必要となる．

(2) 天井裏の結露防止

屋根の直下に設けられる空間については，結露防止の観点から天井裏躯体面の断熱も重要である．屋根面は中間期でも放射冷却により冷やされるため，屋根面自体を断熱することはもち論であるが，

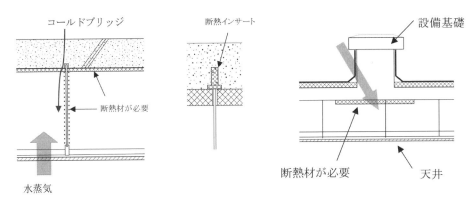

図 2.2.2.5　金具周りのコールドブリッジ　　　　図 2.2.2.6　断熱材の欠損部

吊りボルトもコールドブリッジとなる危険性があるので，図 2.2.2.5 に示すように吊りボルト自体の断熱，またはインサートに断熱インサートを使用する等の配慮が必要となる．

このほか，外壁と屋根取合い部，外壁と内壁の取合い部での断熱材の折り返し，屋根面で断熱する場合は図2.2.2.6に示すように屋上設備機器等の基礎の直下等で断熱材が欠損する部分などはコールドブリッジ対策が必要であることに注意する．

(3) 天井裏の換気

高温高湿な空気が万一天井裏に浸入した場合を考えて，換気設備により浸入した高温高湿空気を速やかに排出する方法がある．しかしながら，天井裏の換気を安易に自然換気としていた建物で，台風接近時に天井裏に強風が入り込み，風圧で天井が落下した事例がある（図 2.2.2.7）．自然換気とする場

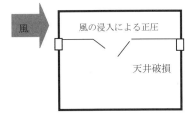

図 2.2.2.7　風の浸入による天井の破損

合でガラリの圧力制御が行われない場合，外圧同等の耐風圧性能も検討しておく必要がある．また，結露面が天井面となることから，不透湿層をできるだけ高湿側に近く設置する必要があることにも注意する．小規模な建物を除き機械換気とすることが望ましく，前述の通り加温空気により空気の滞留を防止しながら加圧を行うのがベストであり，過度な風圧の制御を行うと同時に，温度，湿度，結露センサーによる自動運転制御をかけて，時間外にも適切な運転をすることが，より安全で確実な手法である．

3．軒天井等の耐風圧

風圧は静止流体ではないが，パスカルの原理を準用すると，図2.2.2.8の通り軒天井は外壁面と同等の圧力を受けることとなり，法令[注1)]に基づく耐風圧性能が求められることとなる．日本建築学会より「実務者のための建築物外装材耐風設計マニュアル」が発行されており，隅角部のバルコニー天井の風圧の考え方，その他ピロティーの天井など，今まで不明解であった天井の耐風圧設計の

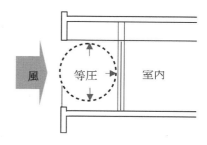

図2.2.2.8　軒天井に作用する風圧

考え方が示されているので，外部軒天井等の風圧設定はこちらを参照していただきたい．

耐風圧設計では天井ボード類の耐力は計算にのらないので，通常は野縁で天井面の耐風圧を確保し，野縁受け，吊りボルトにより風圧力を躯体に伝達することで耐風圧設計を行っている．また，吊りボルトは座屈に弱いため，設計荷重に合わせて吊りボルトの補強，または本数の増設など，一般天井とは異なる設計が必要となる．図2.2.2.9は縦軸に吊りボルトの最大荷重，横軸に天井懐寸法を想定したグラフで，吊りボルトの座屈強さを実験した学会論文[1)]の抜粋である．本グラフ等を用いれば，対応する耐風圧天井の下地のメンバーとピッチを計算で求めることができる．

また，軒天井は室内空気が天井裏に流入すると躯体面が結露するので，天井裏を室内と遮断するか，または結露対策をする必要がある．下地鋼材の防錆処理が必要なことは言うまでもない．

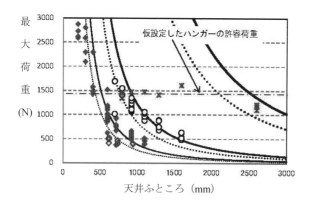
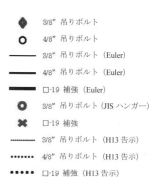

図2.2.2.9　吊りボルトの座屈耐力[1)]

4. 風による圧力変動

前項では風の力を静的な力として耐風圧設計について述べたが，実際の風には強弱があり，軒天井などには圧力変動による正圧と負圧の繰り返しの力が加わる．

2011年6月に新幹線の駅の天井約200kgが突然落下したが（図2.2.2.10），これは新幹線通過の際に発生する風による繰り返しの力を受けて．野縁と野縁受けを接合するクリップが疲労破壊したのではないかと考えられている．

図 2.2.2.10　落下した天井[2]

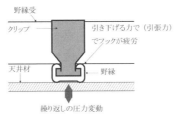
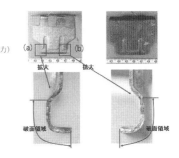

　(a) 健全なクリップ　　　　(b) クリップ図　　　　(c) 破断したクリップ

図 2.2.2.11　健全なクリップと破断したクリップ[2),3)]

文献2),3)によると新幹線通過時の圧力変動は368Pa，仕上げ材質量は9.8kg/㎡，クリップは長辺方向@900mm，短辺方向380mmで，クリップが負担する荷重は1箇所当たり160N．この荷重で50年相当の582,000回の圧力変動を加える実験を行っている．結果的にクリップの破断には至らなかったが，今のところ圧力変動による金属疲労でしか説明がつかないとされている．このような日常的に繰返し外乱を受ける部分の疲労破壊の防止などの損傷対策は特に注意を要する．

(注1)　風洞実験によるか告示第1458号「屋根ふき材及び屋外に面する帳壁の風圧に対する構造耐力上の安全性を確かめる為の構造計算の基準を定める件」による．

参考文献

1) 荒井智一，藤井孝晏，安酸荘將城，相原正史：鋼製天井下地材の強度，剛性に関する研究：その2：吊りボルトの圧縮強度試験　日本建築学会学術講演梗概集，pp.1289〜1290，2012.9

2) 遠藤徹，文野正祐，在家善之，山中祐一，佐藤大作，原口圭，松浦敬，山田聖治：列車通過時の圧力変動を受ける駅天井下地材に関する研究（その1　クリップの観察）　日本建築学会学術講演梗概集，pp.857〜858，2012.9

3) 在家善之，原口圭，文野正祐，中澤真司，山中祐一：列車通過時の圧力変動を受ける駅天井下地材に関する研究（その2　圧力変動の測定およびクリップ材の疲労試験）　日本建築学会学術講演梗概集，pp.859〜860　2012.9

4) 日本建築学会：実務者の為の建築物外装材耐風設計マニュアル，2013.2

5) 石膏ボード工業会：石膏ボードハンドブック

2.2.3 地震時における損傷制御

> 日本において天井等の非構造材の損傷を発生する典型的な外乱のひとつとして地震力がある．地震後に建築空間としての機能維持が必要な場合は，耐震設計による損傷制御を行うことが可能である．耐震設計は地震力に対する損傷制御であり，重力に対する人命保護とは異なることに留意する．想定を超えた地震力が作用した場合でも人命保護は確実に実現しなくてはならない．

東日本大震災では事業継続性の重要性が明らかとなった．地震時に人的な被害を免れたとしても地震後の社会活動あるいは企業活動が停止することは復旧という観点から避けなければならない．図 2.2.3.1 は地震発生前後における建物の機能の推移を示したものである．地震が発生すると，建物の損傷などにより機能は一時的に低下する．その後，損傷が徐々に回復するとともに建物の機能は元の状態に修復される．このとき，図中の三角で囲まれた部分が損失となる．損失は脆弱性による一時的な機能低下の度合および回復能力によって決定される．このために事業継続性の観点によれば，損傷による建物機能低下を小さくし，回復能力を高くすることが課題となる．

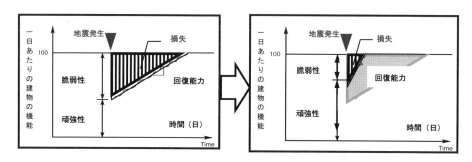

図 2.2.3.1　事業継続性

このような性能向上を目指して，天井の力学的な観点からの多くの研究が，2003 年の釧路空港ターミナルビルあるいは 2005 年の仙台市内屋内プールにおける大規模な天井崩落以来，なされてきている．さらに，東日本大震災後には，国土交通省による天井の耐震設計に向けた報告[5]等，様々な調査報告がなされている．本節では，既往の研究を踏まえて天井の損傷制御としての耐震設計のあるべき姿について解説する．大きな流れを以下に示す．なお，本節では鋼製下地在来工法天井を主たる対象とする．

1. 地震時に天井面に作用する慣性力は，建物の振動特性による増幅を考慮したものとする．
2. 天井に作用する地震時の慣性力は主として天井面に作用することから，この慣性力を構造躯体に伝達する機構を確保するとともに，その安全性を確認する．
3. 設定した慣性力伝達機構における下地材間の接合部では破断や脱落が生じないような仕様を採用する．
4. 採用する接合方式を適用した系としての天井実験を行い，要素実験結果から系としての特性が把握できることを確認する．
5. 上記によって得られた慣性力に対して天井システムが健全であることを検証する．

1. 慣性力の基本的考え方

天井面に作用する地震力の評価方法の概念図を図 2.2.3.2 に示す[5]．この図は一層からなる建物の屋根から吊り下げられた天井の地震時の応答を示したものである．地震動が建物に入力されると建物の屋根レベルでの加速度は建物の振動特性（固有周期・減衰定数）に応じたフィルターを通した波形となる．この屋根（吊り下げられた部位）の加速度波形が天井の系に対する入力加速度となり，天井面の加速度は天井の振動特性に応じて決定される．一般的に動的な外乱が作用した場合の「系（システム）」の応答は系の固有周期および減衰定数に依存する．系の応答の最大値と系の固有周期の関係を図化したものを応答スペクトルと呼ぶ．応答スペクトルを用いて建物および天井面の最大応答加速度を示したものが図 2.2.3.3 である．図中，S_a は所定の地震動を入力加速度とした場合の最大応答加速度を示している．また，S_{af} は床応答スペクトルと呼ばれるものであり，吊り位置の発生加速度を入力加速度とした場合の天井の固有周期に対する最大応答加速度を示している．S_{af} が求められれば，対象となる天井の固有周期を設定することで天井面に発生する加速度，さらには同加速度に天井の質量を乗じることにより天井面に作用する慣性力（地震力）を算定することが可能となる．床応答スペクトルの性質として，S_{af} は建物の固有周期近傍で最大値となること，および天井の固有周期がゼロに漸近すると吊り位置での発生加速度の最大値に等しくなること，が挙げられる．前者は建物と天井の固有周期が近い場合に共振効果によって天井面に作用する地震力は吊り位置の最大応答加速度に比し大きなものとなることを意味し，後者は天井の固有周期が短い場合（天井がしっかりと建物に取り付けられている場合）に天井面に作用する地震力は吊り位置の最大応答加速度に等しくなることを意味している．以上のことを踏まえて，天井の設計用地震力（慣性力）は，建物の固有周期と建物の固有周期に近い場合あるいは天井の固有周期が短い場合を区別して，天井の設計用地震力を設定することとしている．

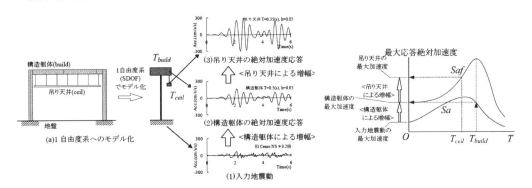

図 2.2.3.2　地震時の応答　　　　図 2.2.3.3　最大応答加速度

2. 慣性力伝達機構

天井の耐震性を考えるうえで，天井と周囲の壁などとのクリアランスの有無は大きな意味を有する．天井におけるほとんどの質量は天井面に分布しているために地震時の慣性力は天井面に作用する．このとき，クリアランスがない場合には慣性力は天井面から直接周囲の構造に伝達されるのに

対して，クリアランスがある場合には天井面に作用する慣性力は吊りボルトや斜め振れ止めを介してスラブや屋根に伝達されることとなる．したがって，前者の場合には天井面ならびに周囲の構造の安定性が問題となり，後者の場合には伝達経路上の構成要素，すなわち，天井仕上げ材，野縁，野縁受け，斜め振れ止め，吊りボルトおよびそれらの接続金物の安定性が問題となる．どちらの天井が耐震的かという質問にはあまり意味がない．なぜならば，天井の耐震性は，それぞれの設計思想に応じた力の伝達経路が確保されているか否かに大きく依存するためであり，伝達経路上のどこかにぜい弱な部位が存在すれば，クリアランスの有無にかかわらず耐震上弱点のある天井となることは言うまでもない．

クリアランスの有無による水平力伝達経路の一例を図 2.2.3.4 に示す．

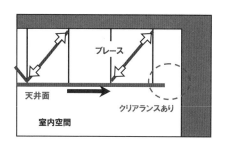

(a) 周辺とのクリアランスありの場合

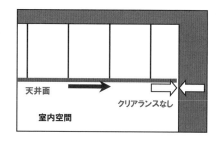

(b) 周辺とのクリアランスなしの場合

図 2.2.3.4　水平力伝達機構

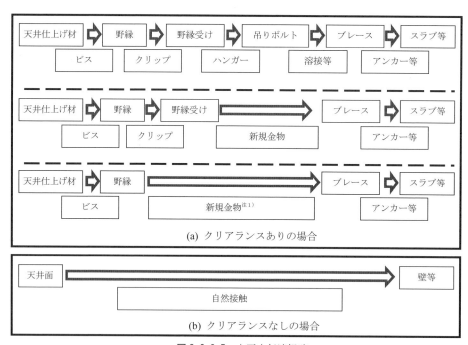

(a) クリアランスありの場合

(b) クリアランスなしの場合

図 2.2.3.5　水平力伝達経路

注 1）：図 2.2.4.7 に示すような耐震性能向上を目指した接合金物を指す．

3. 接合部の基本的考え方

近年の地震時における天井の大規模な崩落現象は、鋼製下地材間を連結する接合金物の脱落あるいは接合部の破断によって生じている．一般的な構造部材の柱梁部材においても接合部の損傷は回避すべき現象としており、この目的のために導入されている概念が柱梁の設計における保有耐力接合と呼ばれるものである．特に接合金物の脱落や溶接部の破断が生じると、関連する水平抵抗機構が消失し、天井全体としての終局耐力は、各機構の最大耐力の足し合わせとはならない．これを図化したものが図 2.2.3.6 である．2つのブレース構面から成る2種類の天井を考える．天井①における構面Aおよび構面Bは降伏耐力後耐力を維持する変形性能を有するのに対して、天井②における構面Cおよび構面Dは接合部の脱落等が発生することで最大耐力以後急激に耐力を失う性能を有する．このとき、天井①の最大耐力は構面AおよびBの総和にて表されるが、天井②の最大耐力は各構面の総和とはならない．さらに、後者は各構面が連鎖的に損傷する危険性、すなわち、構面Cにおいて脱落が発生したのち応力再配分によって一気に構面Dの負担力が増加することで構面Dにおいてもまた脱落が発生する、という可能性をも有している．したがって、接合金物の脱落は天井の耐震設計を考えるうえで回避すべき挙動であることは明らかである．

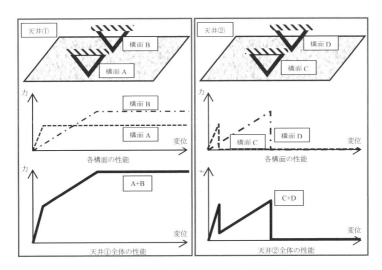

図 2.2.3.6　接合部の影響（概念図）

これまでの地震被害において確認された接合部の損傷は天井損傷を生み出す根本的な原因（損傷の引き金）か否かは現状では必ずしも明らかとはなっていないが、最終的に実際に確認されている現象であり、上述した連鎖的な損傷の一部として認識することができ、これらの脱落が生じなければ天井の被害を最小限で抑えることができたかもしれない．

4. クリアランスがある場合の損傷制御法

(1) 接合部性能

クリアランスならびに斜め振れ止めを設ける慣性力伝達機構を採用した場合には，図2.2.3.5(a)に示したように天井面に作用する地震時の慣性力が鋼製下地材を経路としてスラブなどに伝達される．このために経路上にある最もぜい弱な部位に損傷が発生することとなる．現段階で，最もぜい弱とされるのがクリップと呼ばれる野縁受けと野縁を接合するための金物である．このクリップによる接合部の力学的性状について検討した結果を示す．

JIS 規格を満足するクリップによる接合部を抽出した試験体の性能試験を行った（図2.2.3.7）[1]．図2.2.3.8(a)は鉛直力を作用させた場合の鉛直力-鉛直変位関係，図2.2.3.8(b)は水平力を作用させた場合の水平力-水平変位関係である．図2.2.3.8(a)から，鉛直載荷の場合の脱落時耐力はおよそ0.5kNであることが解る．この値は，自重に対するクリップの負担荷重と比較すると，常時荷重に対してクリップは十分な耐力を有していると言える．ただし，注意しなければならない点は，図2.2.3.8(b)に示すように水平載荷の場合にもクリップは脱落する可能性があるという点である．そのときの値は0.3kN程度となっている．つまり，地震による水平力の伝達過程でクリップに発生する応力が上記の耐力を超えたときにクリップは脱落に至ることとなる．さらに，クリップ接合は力学的な方向性を有していることも注意しなければならない点である．すなわち，図2.2.3.8(b)において正方向に変位を与えた場合には比較的安定した剛性を保ちつつ耐力が上昇しているのに対して，負方向に変位を与えた場合には小さな荷重値（およそ0.05kN）にて滑りが発生することでそれ以降の耐力上昇は確認されない．以上のような水平載荷時の脱落挙動および方向性を考慮したうえで天井の耐震性能を論じなければならない．

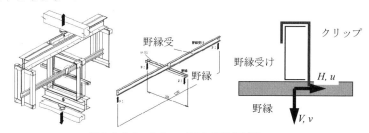

図2.2.3.7 クリップ接合部性能試験

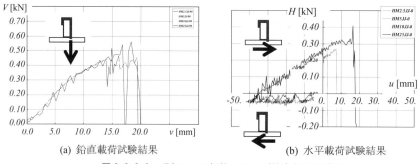

(a) 鉛直載荷試験結果　　(b) 水平載荷試験結果

図2.2.3.8 現行のJIS規格クリップ接合部試験結果

近年，上述したクリップの脆弱性を踏まえて，水平載荷時の耐力を向上させた接合金物が開発されている．その一例を以下に示す[3]．この例では，吊りボルトに斜め振れ止めを取り付けるのではなく特別な金物を用いて野縁受けに取り付ける仕様とした天井試験体の静的加力実験を行った．使用した部材断面などは，野縁：耐風仕様，野縁受け：C-38x12x1.2，斜め振れ止め：C-40x20x1.6，クリップ：耐震用クリップ（耐風圧仕様に準拠），ハンガー：ボルト止めによる脱落防止，となっている．なお，天井面の大きさは2m×3mであり，吊りボルト間隔：0.9m，天井懐：1.5mである．斜め振れ止めはV字形式のものを2対配置した．斜め振れ止めの角度はおよそ60°である．加力は，加力方向にかかわらず，短辺方向に強制変位を静的に与えている．

実験によって得られた荷重変位関係を図2.2.3.9に示す．本実験によって確認される剛性は変位が小さい段階から大きく変動し低下している様子が確認される．ただし，変位がある段階に達すると比較的安定した剛性が確認され，剛性；K_hは両方向ともに0.24kN/mm（一対当たり0.12kN/mm）となっている．ただし，この値は，図2.2.3.9(a)の細線によって示している部材の偏心などを無視した単純なモデルにより求めた剛性と比べるとかなり低い値となっている．理論値に比し剛性がかなり小さくなる理由は局部的な偏心などによる曲げ変形によるためと判断され，このような偏心による影響は仕様によって異なることは明らかであり，設計に用いる剛性は仕様ごとに実験的に確認す

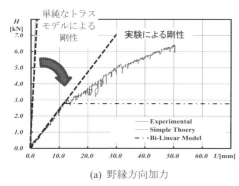
(a) 野縁方向加力

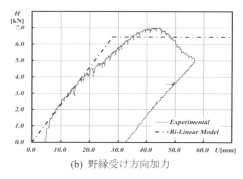
(b) 野縁受け方向加力

図 2.2.3.9　水平荷重-水平変位関係

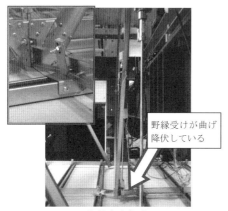
(a) 野縁方向加力

(b) 野縁受け方向加力

図 2.2.3.10　最終変形状態

る必要があるものと思われる．最終変形状態を図 2.2.3.10 に示す．最終的な損傷形式は加力方向で異なっており，そのために荷重-変位関係も異なったものとなっている．すなわち，野縁方向加力時の損傷形式は「斜め振れ止めが取り付く野縁受けの曲げ変形」となっており，このために，非弾性領域においても安定した荷重-変位関係が得られているのに対して，野縁受け方向加力時の損傷形式は「斜め振れ止め自体の座屈」となっており，最大耐力に達した後に耐力劣化現象が確認されている．このときの耐力評価が理論的に説明されるかどうかについて行った検討を以下に示す．

野縁方向加力時：この場合には斜め振れ止めが取り付く野縁受けの曲げ降伏によって非弾性挙動へと移行する．したがって，V字一対当たりの全塑性耐力 P_{max} は，図 2.2.3.11 のような野縁受けの崩壊機構を考えることで求められる．すなわち，

$P_{max} = 8M_p/L_c$

M_p：野縁受けの弱軸回りの全塑性曲げモーメント

L_c：野縁受けの支点間距離（クリップ間距離）

ここで，M_p = 53kNmm（σ_y=315N/mm^2；素材試験より），L_c = 300mm を用いて上式を計算すると，P_{max} = 8×53/300 = 1.4 [kN/対]となる．今回の実験ではV字型斜め振れ止めが 2 対設置されていることから，試験体としての終局耐力 H_p は，$H_p = P_{max}$×2 対=1.4×2 = 2.8 [kN]となる．

野縁受け方向加力時：この場合にはブレース自体の座屈により試験体の耐力が決定される．今回使用した斜め振れ止め材の細長比を両端ピン支持として求めると，$\lambda=l_k/i$=1750/6.2=280 となり，斜め振れ止めは弾性座屈することが解る．そこで，両端ピン支持状態の斜め振れ止めの弾性座屈荷重を求めて，これから試験体としての最大耐力 H_p を求める．

$P_{cr} = \pi^2 EI/l_k^2 = \pi^2 \times 205 \times 4730/1750^2 = 3.2$ [kN/本]

$H_{cr} = 2P_{cr} \times \cos60° = 2 \times 3.2 \times 1/2 = 3.2$ [kN/対]

$H_p = H_{cr} \times 2$ 対 $= 3.2 \times 2 = 6.4$ [kN]

以上のようにして求めた野縁方向および野縁受け方向の H_p を示したものが図 2.2.3.9 中の一点鎖線である．両者ともに実験結果とよく対応するものとなっており，耐力を適切に評価していることが解る．つまり，先の従来のクリップ接合とは異なり，ここで用いた補強された接合部仕様を用いることで，部材の耐力によって全体の挙動が決定されていること，またこのために，天井全体の耐力が理論的に算出されることとなり，耐震性能を比較的高精度で推定することが可能となる．

同じ接合金物に対して行った動的繰返実験結果について説明する．動的繰返載荷実験は起振器によって，それぞれの目標耐力を振幅とする動的な繰返力を天井面に作用させている．ここで，目標

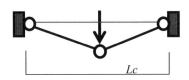

図 2.2.3.11　崩壊メカニズム

耐力とは許容耐力であり，ここでは 2.0kN としている．図 2.2.3.12 は前述の静的単調載荷実験結果と動的繰返載荷実験結果を比較したものである．動的実験結果は目標の耐力内での繰返載荷において，静的実験結果とほぼ対応する安定したループを描いており，本接合金物が目標耐力に対して十分な性能を有していることが理解される．

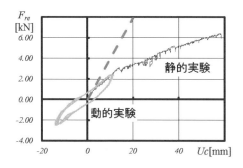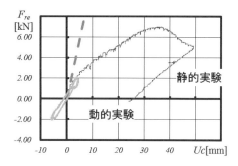

図 2.2.3.12　動的繰返載荷実験結果と静的単調載荷実験結果

(2) 天井システムとしての実験

次に，前述した JIS 規格クリップ接合を有する天井の系としての性状について述べる．文献 2)の独立行政法人防災科学技術研究所　兵庫耐震工学研究センター所有の震動台 E-defense による実大 5 層鉄骨構造の実験では最上階に鋼製下地在来工法天井を設置した[2]．図 2.2.3.13 に E-defense に設置された実大 5 層鉄骨造試験体を示す．図中実線で囲ったところが天井試験体①を設置した箇所である．部屋の大きさは 5m×7m である．2 つの部屋に異なる形式の鋼製下地在来工法天井を設置した（図 2.2.3.14）．天井試験体①は図 2.2.3.15 に示すようにクリアランスを設けたうえでブレースを設置した形式〔図 2.2.3.16 参照〕，天井試験体②はクリアランスを設けずに周辺の壁に接するように天井面を配置した形式である．試験体①のブレース設置箇所数は，野縁方向に 6 箇所，野縁受け方向に 8 箇所である．実験に用いた入力加速度は，鷹取波として，その最大加速度を 5%,20%,30%,40%・・・70%にスケーリングした加速度波形としている．ただし，天井試験体①は鷹取波 40%にて全面落下した．

図 2.2.3.13　E-defense による実大鉄骨実験

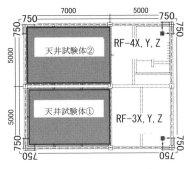
図 2.2.3.14 天井のレイアウト

図 2.2.3.15 クリアランス

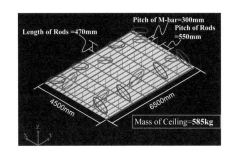
図 2.2.3.16 天井試験体

表 2.2.3.1 最大加速度

Unit : gal

Input Wave	①Ground (Table)	②Building (Roof Slab)	③Ceiling	Ratio 1 ②/①	Ratio 2 ③/②
5%	36	68	120	1.9	1.8
20%	151	293	578	1.9	2.0
30%	234	527	1149	2.2	2.2
40%	248	863	1477	3.5	1.7

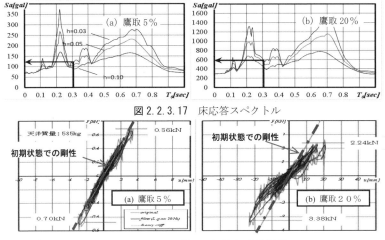

図 2.2.3.17 床応答スペクトル

図 2.2.3.18 天井面の慣性力-変位関係

　計測された加速度の一覧を表 2.2.3.1 に示す．まず，建物の増幅を検証するために建物の屋根において計測された加速度についてみると，鷹取波 30%までは入力値に対してほぼ 2 倍の増幅率となっているが，鷹取波 40%の場合には 3.5 倍にまで増幅している．これは比較的小さい入力の場合には内外装の壁などにより剛性が高くなるためと考えられる．次に，屋根スラブにおける加速度に対する天井面における加速度の比率はおよそ 2 倍程度となっている．加振前の初期状態における天井の固有周期は 0.307sec であることを予備実験で確認しており，また，既往の研究から減衰定数は 3%程度ということが解っている．そこで，応答スペクトルを用いて天井面の加速度を推定してみると〔図 2.2.3.17 参照〕，鷹取 5%入力時の実験結果と推定値は高い精度で対応しているが，同 20%の場合には両者のズレは大きくなる．これは天井システムが線形システムではなくなっていることを示している．そこで，天井の履歴特性を検討するために慣性力-変位関係を図化したものが図 2.2.3.18

である．図中，細線が計測値を，黒線は 10Hz でローパスフィルターをかけた結果，一点鎖線は初期状態の剛性を示している．これらの図から鷹取 5%の場合天井システムはほぼ線形とみなせるが，同 20%の場合には非線形性を帯びてくることが理解される．鷹取 20%のときの耐力は 2.24kN であり，この値およびブレースが 6 箇所に配置されていることからブレース 1 箇所当たりの負担水平力は 2240N/6 箇所=373N となる．この値は図 2.2.3.8 で示したクリップ接合単体実験結果とほぼ対応する結果となっている．言い換えれば，接合部での耐力にて全体挙動が決定されていることになる．

5．クリアランスがない場合の損傷制御

(1) 概　　要

クリアランスを設けない場合には天井の耐震性能は天井面の強度ならびに壁などの周辺要素の特性に強く依存する．ここでは，最初に天井面と周辺要素から成る系としての設計方針について述べる[6]．クリアランスがない場合には図 2.2.3.19 に示すように，天井面と周辺の壁などによって系を形成する．すなわち，天井面を一質点としてみなせるとすれば，図 2.2.3.19(c)に示すような天井面の全質量と周辺要素のばねから成るシステムとして表現される．したがって，損傷制御を図るためには，固有周期を推定し天井面に作用する慣性力（地震力）を求め，この慣性力に対して天井面ならびに壁等が健全であることを確認する必要がある．

図 2.2.3.19(b)のように支持材を縦に流す仕様の壁を想定すると，支持材一本当たりのばね定数は，

$$K[N/m/\text{本}] = \frac{3EIh}{a^2(h-a)^2} = \frac{1}{\alpha^2(1-\alpha)^2}\frac{3EI}{h^3} \tag{2.2.3.1}$$

となる．ここに，E, I, h は支持材のヤング係数，断面 2 次モーメント（強軸）および材長であり，a は支持材支点と天井面間の距離であり，$\alpha = a/h$ は支点・材長比である．単位幅当たりのばね定数は，ピッチを p で表すと，上式から，

$$K[N/m/m] = \frac{3EIh}{a^2(h-a)^2 p} = \frac{1}{\alpha^2(1-\alpha)^2 p}\frac{3EI}{h^3} \tag{2.2.3.2}$$

となる．天井の単位質量を m，天井の長さを L とすれば，図 2.2.3.19(c)のシステムの固有周期は次式にて表される．

$$T = 2\pi\sqrt{\frac{mL}{k}} = 2\alpha(1-\alpha)\pi\sqrt{\frac{1}{3n}\frac{mLh^3}{EI}} \tag{2.2.3.3}$$

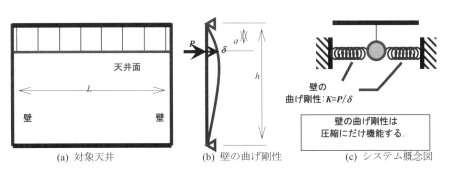

(a) 対象天井　　(b) 壁の曲げ剛性　　(c) システム概念図

図 2.2.3.19　クリアランスがない天井の概念図

式(2.2.3.3)を用いて固有周期を求めた一例を示す．壁の仕様は，スタッド断面；C-50x45x0.8，材長；h=2,500mm，ピッチ；455mm である．

A：支持材位置；a=250mm（α=250/2500=0.10）とした場合

この場合の単位幅当たりのばね定数は以下のようになる．

$$k = \frac{1}{\alpha^2(1-\alpha)^2 p}\frac{3EI}{h^3} = \frac{1}{0.1^2 \times (1-0.1)^2 \times 0.455}\frac{3\times 205{,}000 \times 56{,}000}{2{,}500^3}$$

$= 5.98\times 10^2\, N/mm/m = 5.98\times 10^5\, N/m/m$

B：支持材位置；a=500mm とした場合には，同様に，$K = 1.89\times 10^5\, N/m/m$

以上の値を用いて天井の固有周期を求めたものが図 2.2.3.20 である．

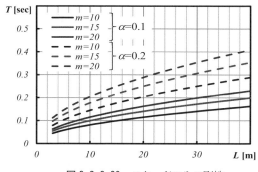

図 2.2.3.20　スタッドのみの剛性

上式中の曲げ剛性 EI はボードの影響を無視したものを採用しているが，壁面ボードと下地材が完全に一体となったものとして，壁の曲げ剛性を計算するとおよそ 2～3 倍程度となる．このことを実験で確認したものが図 2.2.3.21 である．変位が小さい領域では完全一体として計算した曲げ剛性と等しく，その後ボードに損傷が発生した段階でスタッドのみの曲げ剛性となることが確認される．したがって，変位が小さい領域を対象とすれば，スタッドとボードは完全一体状態にあると言える．このボードの曲げ剛性への影響を考慮して固有周期を求めた結果が図 2.2.3.22 である．実状としては，図2.2.3.20の結果よりも図2.2.3.22で示す結果がより適切な結果であると考えられる．ちなみに，天井システムに入力される加速度（建物の応答加速度）が天井面で増幅されることはないと考えられる固有周期を 0.1sec とすれば，天井長さ L が 10m(α=0.2)～20m(α=0.1)程度であれば満足されることとなる．

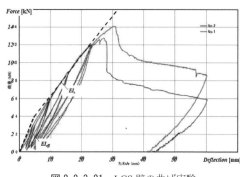

図 2.2.3.21　LGS 壁の曲げ実験

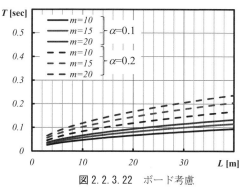

図 2.2.3.22　ボード考慮

(2) 不可避的なギャップによる衝撃力

クリアランスなしとする仕様であっても施工上の誤差などによって天井面と周囲の壁との間には隙間（以下，これをギャップと呼ぶ）が生じる．ギャップがある場合には，地震時に天井面と周囲の壁との間において衝突が発生し，そのときに衝撃力が発生する可能性がある．設計に当たってはこの影響を考慮する必要がある．図 2.2.3.23 はギャップがある場合の概念図である．この場合の天井面の応答はギャップの大きさに大きく依存する．ここで最も重要な課題は地震時に発生する最大衝撃力を推定することである．一般に図 2.2.3.23 に示すような問題において発生する最大衝撃力は，衝突－離間－衝突－離間といった定常状態になったときに発生する．さらに，問題を簡単にするために天井自体の剛性はゼロとすれば，離間時の速度および衝突前後の速度はほとんど変化しないと考えられる．この仮定から，最大衝撃力 F_{max} は次式にて求められる．

$$F_{max} = \sqrt{mLk}\,v_0$$

ここに，v_0 は衝突時の速度である．また，衝突時の速度は対象となる地震波の応答スペクトルを用いて求めることができる．すなわち，変位応答スペクトルおよび速度応答スペクトルが求められたならば，速度応答-変位応答関係図を求める（図 2.2.3.24）．この図から変位応答がギャップの大きさと等しくなるときの速度を求めればよい．図 2.2.3.24 の例で言えば，例えば，ギャップが 2cm，10cm の場合には，速度は 20cm/sec, 60cm/sec とそれぞれ得られる．これらの値の妥当性を検証するために時刻歴解析を行った結果が図 2.2.3.25 である．

これらの結果は先に予測した結果とよく対応していることが解る．また，比較的小さな入力加速度であるにもかかわらず，衝撃力は大きなものとなっており，設計時にはこの影響を無視することはできない．

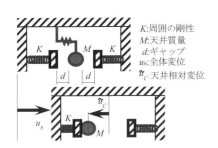

図 2.2.3.23　ギャップがある場合の概念図

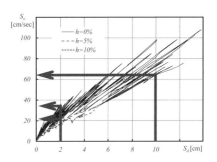

図 2.2.3.24　対象入力加速度の速度応答 Sv －変位応答 Sv 関係

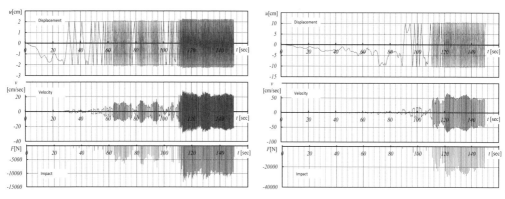

図 2.2.3.25　ギャップ=2cm（左）およびギャップ=10cm（右）に対する数値解析結果

(3) 天井面の圧縮強度

　ここでは，材長が異なる吊りボルト（天井懐）にて支持された天井面に圧縮力が作用した場合の挙動について解析した結果を述べる[4]．まず，数値解析モデルの妥当性を検証するために用いた既往の実験について概要を説明する．試験体は図 2.2.3.26 に示すように一般的な平天井に倣って組まれている．試験体全体の寸法は 3,640×3,640mm で 910×910mm のボードを基本として天井面を構成している．ダブル野縁は 910mm ピッチでボードの継ぎ目に接続され，シングル野縁がその間に等間隔で 2 本配置されている．野縁受けは 803〜850mm ピッチで配置され，野縁方向における吊り

表 2.2.3.2　部材諸元

インサート	25×2.0	野縁(S)	25×19×0.4
吊りボルト	9φ	野縁(W)	50×19×0.4
ハンガー	24×2.0	クリップ(S)	23×0.6
野縁受け	38×12×1.2	クリップ(W)	46×0.6
ブレース	38×12×1.2	石膏ボード	t=9.5

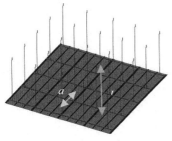

図 2.2.3.26　解析モデル全体

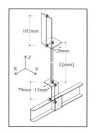

図 2.2.3.27　吊りボルト部詳細

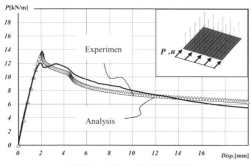

図 2.2.3.28　荷重変位関係

図 2.2.3.29　実験での崩壊性状

図 2.2.3.30 解析による崩壊性状

ボルトのピッチとなっている．吊りボルトの長さは 1,500mm であり，野縁受けとの接合部ではハンガーが，吊り元では折板インサート金物が使用されている．載荷方法は天井面の一端を拘束し他端にてボード断面を一様に圧縮する形式となっている．この静的圧縮実験の再現解析を行うことで解析モデルの妥当性を検証する．詳細は割愛するが，解析モデルにおいて，ハンガーやインサート金物による，吊りボルト端部での偏心を考慮してモデルを作成した．すなわち，ハンガーは野縁受けと吊りボルトを，インサート金物は吊りボルトと吊り元を連結させることにより，ハンガー，インサート金物による接合部の偏心を表現している〔図 2.2.3.27 参照〕．なお，天井ボードを含むすべての部材は弾性状態にあるものとしている．

実験および数値解析で得られた荷重変位関係を比較したものを図 2.2.3.28 に示す．また，実験における最終変形状態を図 2.2.3.29 に，解析によるものを図 2.2.3.30 に示す．荷重変位関係および天井面の面外変形および吊りボルトの屈曲状態，いずれも数値解析結果は実験結果をよく表している．なお，すべての部材を弾性として解析しているにもかかわらず，急激な耐力劣化が発生する理由は，天井面の図心がボードにビス止めされた野縁の影響によってボード中央面ではなくなるために偏心圧縮状態となり，その結果，吊りボルトの材軸（鉛直）は荷重方向（水平）とは直交するにもかかわらず吊りボルトには圧縮力が作用し，その値が吊りボルトの座屈耐力に達した段階で天井面は急激に不安定となる．このために，最大耐力点は吊りボルトの長さが長くなるにつれて小さくなる．

上記解析モデルを用いて，吊りボルトの長さをパラメータとして行った解析結果を図 2.2.3.31 および図 2.2.3.32 に示す．図 2.2.3.31 は荷重変位関係，図 2.2.3.32 は天井面の最大耐力と吊りボルト長さ関係である．吊りボルトの長さが短くなるほど天井面の耐力が上昇しており，吊りボルトが天井面の圧縮耐力に及ぼす影響が大きいことが理解される．また，図 2.2.3.33 に吊りボルトに発生した軸力の推移を示す．図 2.2.3.32 と合わせてみることにより，吊りボルトが最大耐力に達した変位段階で，天井面の耐力が最大となっていることがわかる．図 2.2.3.34 に吊りボルトの最大耐力とインサート金物とハンガーを含めた吊りボルト部の全長との関係を示す．解析によって得られた最大耐力は弾性座屈荷重の理論値であるオイラー座屈荷重；

$$P_{cr} = \frac{\pi^2 E_R I_R}{L^2} \quad (E_R = 205{,}000 [\text{N/mm}^2], \ I_R = 321 [\text{mm}^4]) \tag{2.2.3.6}$$

とよく対応している．以上のことから，吊りボルトの弾性座屈により天井面の最大耐力が決定されていると判断される．

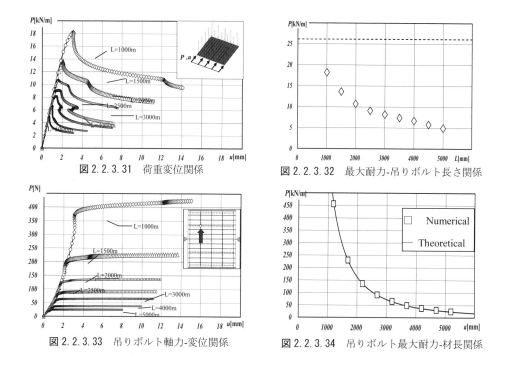

図 2.2.3.31　荷重変位関係
図 2.2.3.32　最大耐力-吊りボルト長さ関係
図 2.2.3.33　吊りボルト軸力-変位関係
図 2.2.3.34　吊りボルト最大耐力-材長関係

(4) そのほかの注意事項

上記の数値解析などは極めて理想的な状況を設定していることに注意しなければならない．すなわち，天井面は一体として挙動することや周辺の構成要素も均一な剛性を有することなどを前提条件としている．実際には天井面や周辺構成要素の不均一性が存在することを考慮して設計する必要がある．特に，面積の大きな天井の場合などでは，上記の前提条件が成立しない場合も容易に想定される．このような場合には大きな天井面を分割し，分割した領域ごとに慣性力に対する受け梁を設けることなどの対処法にて解決することができる．このような考え方は曲率や段差を有する天井にも適用することができる．

6．最後に

本項では，損傷制御を目的とした耐震設計の考え方の一例を示した．必ずしもここで示した方法による必要はないが，設計者は様々な観点から設計に必要な事項を整理・検討したうえで仕様を決定していくことが肝要である．また，非構造材の仕様や工法は今後日進月歩で進められていくと考えられることから，常に新しい情報を基に設計に向き合っていくことも重要である．

参考文献
1) 例えば，中川祐介,元結正次郎：鋼製下地在来工法天井におけるクリップの力学的特性に関する研究, 日本建築学会学術講演梗概集.B-1, pp. 847～848, 2006
2) 佐藤恭章，元結正次郎，川西拓人，水谷国男，笠井和彦，引野 剛：損傷を受けた天井およびスプリンクラーの動的性状に関する検討：E-ディフェンス鋼構造建物実験研究 その 73, 日本建築学会学術講演梗概

集.C-1, pp. 835〜836, 2010
3) 例えば,金井崇弘,元結正次郎:部分天井試験体を用いた動的および静的実験－強化されたクリップを用いた在来工法天井に関する研究 その1,日本建築学会学術講演梗概集.B-1, pp. 847〜848, 2012
4) 例えば,元結正次郎:野縁受け方向における天井面の圧縮性能に吊りボルトが与える影響－鋼製下地在来工法天井における天井面の安定性に関する研究 その3,日本建築学会学術講演梗概集.B-1, pp. 847〜848, 2012
5) 平成23年度建築基準整備促進事業「地震被害を踏まえた非構造部材の基準の整備に資する検討」(事業主体:一般社団法人建築性能基準推進協会)
6) 平成24年度建築基準整備促進事業「地震による天井脱落対策の実務的な課題に関する検討」(事業主体:一般社団法人建築性能基準推進協会)

2.2.4 耐震工法による損傷制御

地震時の天井等の非構造材の損傷制御を行う場合は，各種工法の様々な特徴を把握し，あらかじめ設定されたレベルの地震力に対し要求されるレベルの損傷制御と機能維持が達成されるように適切な耐震工法を見極めて実施する．

耐震工法は主に水平方向の慣性力を外力として行う天井等の非構造材の損傷制御工法であり，あらかじめ設定された地震力に対する損傷制御と機能維持を目的とする．様々な耐震工法が存在するため，それらの特長を把握し，要求される入力レベルと機能維持レベルにあった工法を採用し適切に実施する必要がある．

1．在来軽天下地における損傷制御

以下では一般化された天井工法として最も多くみられる在来軽量鉄骨下地による天井（在来軽天）に対して，その耐震工法について解説する〔付録3参照〕．

(1) クリップ・ハンガーの耐震計画

クリップ，ハンガーには，①地震時に部分的な損傷が生じても大規模な崩落（重損）に至らせない強度と冗長性，②天井に生じる慣性力を構造部材まで確実に伝達する接合部強度，の両方の機能が求められる．

付録3に示すJIS A 6517に規定（以下，規格材と呼ぶ）されているクリップに関する耐力評価は，文献1）の性能試験によって明らかにされており，鉛直方向でおおむね0.3～0.5kN程度の最大耐力を有する．これらの部品で，$25m^2$で質量20kg/m^2程度（石こうボード2枚貼り程度）の天井面慣性力1.0G相当分（≒5.0kN分の水平力）をブレースから躯体へ伝達するのは，文献2）の振動台実験によれば困難であることがわかっている．

ブレース近傍のクリップは，天井材の地震時水平力を野縁から野縁受け，そしてブレースに伝達するのに十分な剛性（回転防止性，曲げ変形防止性等）と接触力（以下，接合耐力と呼ぶ）を有している必要がある．これらの耐力が十分にある部品の場合は，ブレース近傍に集中的に配置して機能を満足するであろうし，耐力が劣る場合は採用点数を増やして機能を満足させることになる．文献2）の性能試験によると，図2.2.4.1の補強クリップをブレース近傍に9か所採用したところ，$25m^2$で質量20kg/m^2の天井の1.0G分の水平力を躯体に伝達できた，としている．この場合，野縁，野縁受との接合部は摩擦力に依存するため，滑りによる変位が天井面に生じる．同実験において，天井の吊り長さ1500mmに対し天井面最大変位はおおむね50mm程度であったとされている．また，極力天井の重心に近い位置（天井仕上げ材付近）でブレースを接合した場合，接合部に生じる回転や曲げモーメントを抑制しやすくなり，地震時の天井の変位も制御しやすくなる．

さらに，補強クリップをビスなどにより野縁に固定すると，この部分の滑り量が低減でき，天井面の変位が小さく抑えられる．周囲にクリアランスが十分に確保できない場合などは，ビス併用の滑らないクリップを採用するのが有効である．

ハンガーにおいても確実にブレースまで水平力を伝達するためには，ビスなどで野縁受けに貫通固定する方法が有効である（図 2.2.4.2）．この場合のビス径や本数は，当該部分で負担する設計外力を特定し，それに応じて設計する．ちなみに文献 2) の性能試験ではハンガーに対し 4mm 径のドリリングタッピンねじを 1 面せん断方向に使用した場合に，25 m^2 で質量 20kg/m^2 程度（石こうボード 2 枚貼り程度）の天井面慣性力 1.0G 相当分（≒5.0kN 分の水平力）に対し，破損等の現象は 10 体以上の試験体で発生しなかった．

なお，このような性能を持つ補強クリップ・補強ハンガーを，天井の周囲や天井面の一定の範囲に分散配置または全数配置することで，地震時に天井に大きな変位が生じ周囲の構造体と衝突した場合も，連鎖的にクリップまたはハンガー部が損傷する現象を防止する効果が期待できる．但し，石こうボード等の天井材のビス抜け等による落下を防止するまでの性能は期待できないので，安全性評価法を満たさない重い天井材を使用する場合は，あくまで人命保護は別立ての方法で確実に実現する必要がある．

また，このような損傷制御方法は，力の伝達経路上のすべての部材や接合部が目標とする外力に対して十分な耐力を保有していることが前提となる．1 箇所でもボトルネック的に弱い接合部等が介在すれば，その部位の耐力でブレースが負担できる天井面積が決まる場合が多い．

(2) 天井下地主材料（野縁，野縁受等）

低強度の部材（一般材・普及材等）の場合は野縁・野縁受け等の主材の肉厚が薄いため，特段の注意が必要である．実態として，これまで相当数の低強度部材が市場に出回っている．これらの部材で天井を構成した場合，水平力に対する面剛性は著しく低下する（例えば，規格材と低強度材（通称一般材）の比較で天井面剛性が約 40%低下するほか，ビス接合部耐力も 30%～40%低下するという実験結果等が報告されている [3]．このような低強度部材に天井下地補強を実施しても，規格材等に対する天井下地補強と同等の耐震性能は期待できない．これまでの調査研究や製品の開発は，ほとんどが規格材に適用した場合の検討がなされており，これらを低強度の野縁や野縁受けに適用し

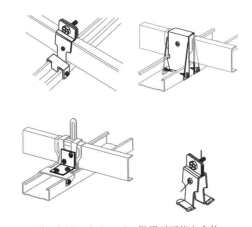

いずれも滑り止めのビス併用が可能な金物

図 2.2.4.1 ブレース周囲のクリップ補強の事例と部品

ボルトを併設するなどして閉鎖形の接合部形状を構成可能な金物の例．
水平力伝達に必要な耐力と外れ防止性能が期待できる．

図 2.2.4.2 補強ハンガーの例

た場合は所定の性能や機能を発揮しない．特に接触力に依存した摩擦接合で補強金物を低強度部材に取り付けた場合は，接合箇所の肉厚の影響を受けやすく，設置時点でがたつきやゆるみが生じる場合が多い．

(3) ブレース（斜め振れ止め）

ブレースは，天井下地材に対する上下接合部の変形，変位等により座屈耐力に非常に大きな影響を受ける．使用するディテール・構成を再現可能な耐力評価方法にて設計する必要がある．

クリップ・ハンガーが天井面の慣性力をブレース接合部まで伝達できるよう構成すると，次にブレース接合部の設計が重要となる．ブレースの下端は，多くの場合 C-38×12×1.2 等の野縁受けまたは野縁受けに直交する部材に複数本のビス等を用いて接合され，上端は吊りボルトの吊り元付近に専用金物を用いて接合される．

ここで，下端のブレースを接合する C-38×12×1.2 等の部材にねじれや変形が生じる場合，また上端の接合金物に回転や緩み，変形が生じる場合，いずれの場合もブレースの有効座屈長さが長くなる場合があり，座屈長さ 1.0（ピン-ピンの端部条件）の計算結果よりも小さな天井慣性力で座屈してしまう場合がある（図 2.2.4.3）．

また，ブレースの下端を図 2.2.4.4 のように離して接合すると，ブレースに入る軸力の方向の違いによって，接合している野縁受等の水平材がねじれるだけでなく曲げ破壊してしまう場合がある．ブレースの交点は極力近接して設置をするよう注意が必要である．または，ブレースの負担する天井面積（重量）に応じた曲げ耐力を持った水平材を選定するか，これらの力の伝達経路を確実に構成可能な専用の補強金物を採用するなどの対策が必要である．

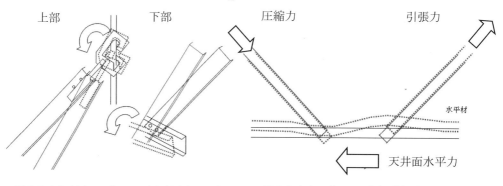

図 2.2.4.3（左）　ブレース上部接合部の回転
　　　　　（右）　ブレース下部接合部の回転

図 2.2.4.4　ブレース受水平材のねじれ・変形

次に，ブレースの上部接合部についての注意点を紹介する．施工性の良さから広く普及しているブレース接合金物（図 2.2.4.5）およびその類似製品は，ブレースが軸力を背負った場合に必ずしも意図通りの働きをしないケースが多い．一般的にブレース材とブレース接合金物は「羽子板」と呼ばれる接合ボルトを貫通ビスで固定する構成のものが多い．このような構成の部材を吊りボルトに

引っ掛けて，羽子板ボルトを回転させて吊りボルトに，摩擦力に依存してブレースを固定している．偏心した材料と図心のずれた接合部に圧縮軸力が導入されると，容易にこれらの部材に曲げ変形が生じ，もっともぜい弱な部位に応力集中する．多くのケースでは，羽子板金物の絞り込んだ部分に繰返し曲げ変形が発生し疲労破断する．またはブレースの曲げ変形等によって，吊りボルトとの接合部が回転したり，ずれたり，はずれたりし，ブレースが座屈する前にブレース機能を失うケースが多い．これらは2011年東日本大震災の被害例や，振動台実験[3]でも頻繁に発生した損傷例である（図2.2.4.6）．

このような金物を採用する場合は，当該部分に背負う軸力を十分に安全な大きさに制御すべきである．天井全体を軽量化するか，ブレース設置数をこれに見合うように数多く設定することが重要である．

また，吊りボルトの中間部等にブレースが点付け溶接等で取り付けられているケースが散見される．この場合，次の点で天井に大きな損傷を与える可能性がある．ひとつは，吊りボルトの中腹にブレースを通じて地震時の天井慣性力が流れた場合，容易に吊りボルトに曲げ変形が生じ，溶接接合部や吊りボルトに繰り返しの曲げが生じ吊りボルト自身が破断する可能性があること，同時に吊りボルトに曲げが生じることにより天井面に上方向の変位が生じ，下地にも予測が難しい曲げの影響や上下方向の応答加速度が生じること，さらに吊りボルトとブレースの溶接では，点付けされた溶接部には定量的な耐力は期待できず，評価も困難であること，などである．薄板のブレースに溶接により孔があいているケースも見受けられる．2011年東日本大震災ではこのような部位で損傷が始まり重損につながった天井が数多く発生した．

吊りボルトを介してブレースを固定する場合は，容易に外れない，ずれない接合金物を採用し，吊元スラブ面に対し極力押しつけて（偏心の影響を少なくして）施工することが大変重要である．

なお，耐震ブレースホルダーなどと称する補強金物を複数実験[3]してみたところ，図2.2.4.7のような金具は一定の曲げ強度を有し，不可避的な偏心の影響を軽減可能な性状を持ち，ブレース上部での接合耐力を保有することが解っている．

このうち一部の金物は，吊り元でボルト締め込みやビス止めという作業を伴う．この場合，吊り元付近での高所作業が必要となり著しく施工性を低下させるため，天井面付近から吊り元に固定可能な金物の開発が待たれた．現在では複数社でこのような要求を満足する金物が開発されている．

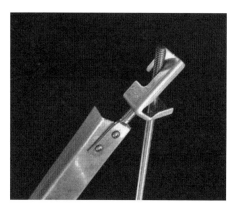 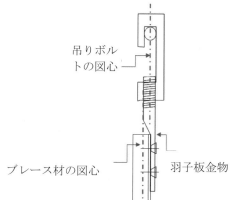

左図のような接合金具は，卓越した施工性を持つため広く普及しているが，地震時に滑りや外れが生じやすい．また右図のように偏心に起因する曲げ応力が発生しやすい．

図 2.2.4.5　汎用的なブレース金物と図心のずれ

2011年東日本大震災で，使用していた約700箇所のブレース接合金物のうち400箇所以上で写真のような応力集中，繰返しによる曲げ圧縮破壊破断が生じた．

（岩手県　震度 6 弱）

図 2.2.4.6　東日本大震災でのブレース接合部の破損事例

 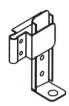  

吊り元作業が必要な金物例
耐力が高く偏心曲げ等が発生しにくいが，吊り元での取付け作業が必要な金具．

吊り元での作業が不要な金物例
必要な耐震上の強度と施工性の両立を目指した金具．天井面付近からの作業で取付け可能．

図 2.2.4.7　ブレース接合金物の例

(4) 2段ブレースの注意点

大きなふところの天井でブレースを多段で構成する場合には，容易に天井の耐震性を喪失する部材の変形が生じやすいため，力の流れに応じたより慎重な部材選定，構成が求められる．

なお，吊りボルトの圧縮補剛を目的としたブレース設置の場合は，本章で記している天井慣性力に抗するためのブレース補強とは主旨が異なるので注意されたい．

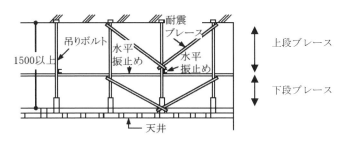

図 2.2.4.8　多段（2段）ブレース参考図

図 2.2.4.8 のような組み方をした天井に水平力を加力すると，圧縮方向にぜい弱な吊りボルトの座屈により天井面に上下動が発生し，天井下地が容易に損傷する（図 2.2.4.9）．また，特に上段のブレースの接合部はその下端を吊りボルトや水平振れ止めに固定をする場合が多く，このブレース接合部に軸力が流れた際に接合部が曲げや回転を伴う変形を起こしやすいためブレースの有効座屈長さが長くなり，容易にブレースが座屈し天井全体に大きな変位が生じ，周囲との衝突などを引き起こし損傷しやすい（図 2.2.4.10）．また，うまくブレースに軸力が流れた際にもブレースと水平振れ止めの交点が，ブレースの面外にはらむように変位する現象が生じやすい．この場合にもブレースの有効座屈長さが非常に大きくなり，容易にブレースが座屈する．

多段でブレースを構成した下地で天井を損傷制御するには，必要な圧縮力を負担できる部材で吊り部材やブレースを構成し，かつブレースと水平振れ止めの交点の面外変位防止対策を設置するなどの補強が必要となる（図 2.2.4.11）．多段中間のブレース接合部は吊りボルトに摩擦接合などを用いて緊結するのではなく，確実な力の伝達経路を形成するため，中間の水平継ぎ材にビス固定するなどして力の伝達を確実に行う．

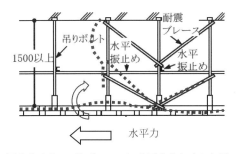

図 2.2.4.9　2段ブレースに水平力を加力した際の変形モード①

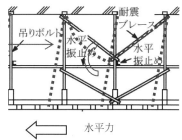

図 2.2.4.10　2段ブレースに水平力を加力した際の変形モード②

ブレース接合部はビス固定
などで水平継ぎ材に緊結

面外変形防止ブレース

点線部分：圧縮材として C-40×20×1.6 等で構成．
ブレース構面が面外にはらまないように同材で面外
変形防止のブレースも設置した．実験で質量 20kg/m²
で天井面加速度 1.0G 程度まで軽損で留まった例．

図 2.2.4.11 多段（2段ブレース）の補強例

　このような損傷制御方法は，安価で手早く天井を仕上げる在来軽天下地天井の存在価値に対し，非常にバランスを欠いた手間のかかる工法となる．図 2.2.4.12 に示すような大きな V 字でブレースを設置し，ブレース長さに見合った部材を選定するほうが力の流れが整理しやすく，設計や施工管理も容易になり品質確保が容易になる．注意点は，設計段階で躯体天井内設備等との干渉防止を入念に行うことと，採用する接合部や金物の特性に合わせた有効座屈長さ，有効細長比などの特定によるブレースメンバー選定を行うことである．

(5) ぶどう棚の設置

　ふところが非常に大きな天井で，ブレースによる損傷制御が困難な場合や，吊り元に傾斜や段差があり天井の吊り長さが異なる場合，折板屋根のように吊り元に構造的な耐力が期待できない場合等は，天井ふところ内にぶどう棚を構造として設計設置し，天井の吊り元とする工法がある．この場合，ぶどう棚以下に設置される天井が人命保護を確実とするものであれば，必ずしも天井面までが構造材として設計施工される必要はない．

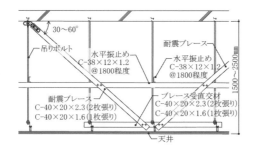

図 2.2.4.12 V字ブレースで計画した大きなふところの天井下地計画例

文献2)の実験では，質量20kg/m²の天井に対し吊り長さ2.5m程度までは軽量鉄骨下地にて水平震度1.0G程度まで損傷を制御している．要求性能や下地の構成，ブレースメンバーによっても吊り長さの限度は異なってくるが，一定の吊り長さ（ふところ寸法）を超える天井は構造としてぶどう棚を計画し，ぶどう棚下部を吊り元とした吊り天井を構成する．このことにより，在来軽天の吊り長さを短くでき，実験の知見や計算等により制御しやすい天井構成とすることができる．

なお，ぶどう棚をブレースで振れ止めし建物本体から質点として吊った場合は，ぶどう棚自体の地震動に対する応答性状に注意が必要である．本体から受ける地震時の外力により，ぶどう棚面の加速度応答倍率が非常に大きくなる場合があるためである．この場合，ぶどう棚の最下部付近で本体鉄骨に緊結する梁要素を加えることで，質点的な挙動を抑制し発生する応答加速度を抑制することが可能である．また，ぶどう棚下面は極力剛床として評価可能な構成とすることで，ぶどう棚面（在来軽天吊り元）の複雑な挙動による吊り天井下地への影響を低減することが可能である．

構造として設計施工されたぶどう棚による天井構成は，勾配屋根や吊り元スラブに段差がある場合にも有効である．天井吊り長さが同一天井内で異なる場合には，吊り長さの違いによる同一天井系内での固有周期の差，水平変位に対する吊りボルト等の変形角の差などが生じ，天井下地材や接合部に予測が困難な応力が生じ非常に損傷を受けやすくなる．ぶどう棚で吊り元を構成することで，その下の在来軽天の吊り長さを一様に計画することが可能となる．

また，屋根に使用されている折板やALCなどに不用意にフック状の金物などで天井吊りボルトを設置すると，地震時の外力に対し折板やALCの母材損傷による天井全体の脱落の懸念があるほか，常時の風による屋根面（＝折板等の天井吊り元）の振動や変形の影響を天井下地が受けることとなり，地震時以外の天井脱落にもつながりかねない．このような場合も，ぶどう棚で吊り元を確保することにより懸念事項の払しょくが可能である．

(6) クリアランスを設ける場合

クリアランスを設ける場合には，天井の想定変位と躯体の層間変位を合計した十分なクリアランス寸法を確保する．

地震時に天井が揺れ，周囲の壁や柱，構造体に衝突することを避けるため，クリアランスを設けることがある．この場合には，天井の想定変位量と躯体の層間変位量を合計した十分なクリアランス寸法を設ける．仮に，天井が想定外力に対し50mm変位する場合，文献2)の実験により計測されたふところ1500mmの場合の水平変位の参考値），同外力に対し躯体の層間変形角1/100程度が想定されるとすれば，天井ふところが1500mmである場合，

$$50\ \text{mm} + (1500\ \text{mm} \times 1/100) = 65.0\ \text{mm}$$

以上のクリアランスを設ける必要がある（図2.2.4.13）．

但し，クリアランスが機能を果たすのは，あくまで天井付近に生じる地震時の慣性力が想定範囲内の場合であって，想定を超える外力に対してはブレースの座屈などにより天井が変位制御機能を喪失する．このような状況では天井の振幅に対しクリアランスが不足し，天井端部が周囲の構造体等と干渉・衝突してしまう．不用意にクリアランスを大きく確保すると，かえって天井端部が衝突

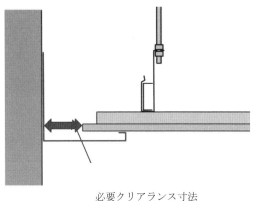

必要クリアランス寸法　　　　　　　　ふさぎ金物設置例

図 2.2.4.13　天井端部に設けたクリアランスの設置例

する際の速度を高めることにつながり，損傷危険度を高めてしまうことさえあり得る．端部の損傷を起点とする天井連鎖崩壊を防止する対策(接合部補強など)やフェイルセーフ機構の採用により，想定以上の地震動に対する損傷制御と機能維持を考えておくことも重要である．

(7) クリアランスを設けない場合

　天井端部にクリアランスを設けない場合は，地震時に天井に生じる慣性力を周囲の壁や柱，構造体で負担できることを確認し，かつ天井が周囲の部位からの反力を受けて面内座屈しないように設計する．

　このような場合の天井面の安定性については文献1)の挙動解析〔「2.2.3」の解説参照〕が参考となる．注意点は，吊りボルトの有効座屈長さや有効細長比を短く小さくすること，局部的な応力集中をさせないこと，周囲の構造が天井面内から伝達される慣性力に十分抗すること，などである．

　また，ケーブルや鋼材などを使って，天井周囲の構造体から天井の支持を行う場合は，ケーブルや鋼材を引張材として計画〔「工法および事例の紹介編　2.2」の「(2) 下から支える新たな工法の例」参照〕することで地震時の天井変位を非常に小さく抑えることができる．

　このような場合にも，天井周囲のクリアランスは機能維持の観点からは必要がない[4),5)]．

２．その他の天井工法における注意点

(1) システム天井の注意点

　システム天井を採用する場合も，人命保護を確実に実現したうえで，天井下地材の構成や動的応答性状をよく理解し，機能維持・損傷制御を検討する．

　システム天井のほとんどが「グリッド型」と「ライン型」の2種類に層別できる．それぞれの特徴と注意点を下記に整理する．

グリッド型システム天井

　当工法はおおむね 600mm×600mm をモジュールとした部材で構成される．「親」と呼ばれる通し材（T バー）に対し，はしご状または千鳥に「子」，「孫」と呼ばれるバー材（T バー）を緊結し，天井材を乗せかけるグリッド状の天井下地を構成する．親 T バーおよび親 T バーに対する子，孫 T バーの接合耐力が十分である場合は，在来軽天よりも X，Y の方向による動的性状の違いが出にくい工法である（図 2.2.4.14）．

　業界団体の標準仕様[6]が定められているが，規格の運用基準等の詳細は，現在制定に向けて整備中の段階にある．

　機能維持のためのブレース計画や接合部耐力評価等は，部材の接合方法や接合耐力もメーカーにより異なるため，適切な実験（静的加力のみでなく繰返しや動的実験によることが望ましい．）に基づく知見で評価することが重要である．特に工法の特性上，鉛直方向の振動に対し，在来工法天井よりも天井材や天井下地材の脱落が生じやすい．

　また，「子」，「孫」と称されるクロス方向の T バーと，「親」と称されるメインの T バーとの接合部が耐力上のボトルネックとなる場合が多く，そこから重損が始まる場合が多い．T バーや付属する設備機器等の安全上重要な部位については適切な脱落防止対策の実施を怠ってはならない．

　天井材は岩綿吸音版やグラスウールボード等の比較的軽量な材料が使用される．天井材に軽量柔軟な材料を用いている限りは，脱落による重篤な人災の可能性が低いという特徴がある．ここでも安全性評価法により天井材の選定を行うことが有効である．

図 2.2.4.14　グリッド型システム天井

ライン型システム天井

　当工法は照明および音響，防災，空調設備等をひとつのライン上に構成し，このラインの間に天井材を2辺支持的にかけ渡すことにより天井を構成する．
ラインの間隔は建物の柱スパンなどにより任意で設定され，おおむね1,800mm程度〜3,000mm程度のものが多い．

　ライン方向にTバーを流し，そこに天井材や照明・設備等を乗せかけて支持する．天井材は岩綿吸音版が多く使われるが，2辺支持の構成となるため自重でたわむことを防止するため，天井材と天井材の間に「Hバー」と呼ばれるたわみ制御材を挟み込む場合が多い．Hバーは鋼材やアルミ材，樹脂材などが使われる．また，岩綿吸音版の周囲にアルミ見切材を取り付けたものを点検口として使用している（図2.2.4.15）．

図2.2.4.15　ライン型システム天井

　ライン方向とその直交方向とで異方性が非常に強く，ライン直交方向にはぜい弱である（図.2.2.4.16）．そのため，地震時の天井慣性力によりTバーが天井面内で変形し，2辺支持である天井材がかかり代を失って脱落しやすい．様々な下地補強を施してもTバー自身の回転挙動が止められないため，根本的な機能維持対策が困難な工法である（図2.2.4.17）．また，Hバーにより補強された天井材やエッジ保護のため鋭利な部材で補強された点検口の脱落による人災リスクは，グリッド型システム天井に比して高い．そのため，ライン型システム天井を採用する場合は，人命保護を確実にするために落下防止対策を併用する必要がある．

①地震時の揺れに対し，ライン方向とライン直交方向で剛性が大きく異なる

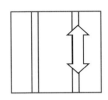 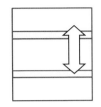

ライン並行方向は剛性が高く変形しにくい　　ライン直交方向は剛性が低く変形しやすい

②ライン直交方向の地震の揺れで，照明ラインが開くと天井板が落ちやすい

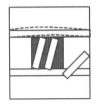

図 2.2.4.16　ライン型システム天井の特徴

天井下地を補強してもボードの支持部の変形が制御しにくく，
機能維持性能の確保が難しい構成である．

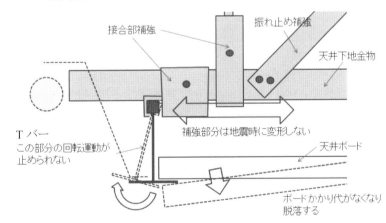

図 2.2.4.17　ライン型システム天井補強の注意点

(2) 免震建物などでの天井の耐震化

　免震建物においては鉛直方向の応答は水平力ほど減衰が見込めないことに注意が必要である．上下動に対する天井面の応答によっては，天井の重損をもたらすケースが想定されるためである．

研究分野では天井の地震時の動的挙動の把握が各方面で進められているが，現時点ではそれらを的確に精度高く予測する定式化や解析手法は開発途上にある．上下動の影響や大規模天井の挙動，躯体特性から天井が受ける影響などは不明な点が多い．

現時点における免震建物での天井の耐震化は，天井用水平震度の小ささのみにとらわれず，人命保護の実現を確実に実施したうえで，予測を超える応答，挙動等に十分な余力を持たせるか，実験等による検証などにより，細心の注意を払って設計する必要がある．

(3) より安全安心な「次世代の」天井工法の必要性

本項の前段では，規格材等を使用した在来軽天工法における機能維持上の様々な課題について言及した．

主材断面を見て解る通り，材自体に不可避的な偏心が存在する．同時に下地は野縁，野縁受等と多段で構成されるため，重心位置から離れた点に水平力に抗するための支持点を置かなくてはならず，常に偏心曲げや回転モーメントが生じる．さらに，使用する材が薄板であることから，接合部強度の確保に様々な課題が多い．それらを使いこなすには多岐に渡る深い知見や経験則が必要なほか，施工現場では構造材に類似する重点管理が必要となるのが現状である．

規格材の軽量鉄骨天井下地における地震時の機能維持のためには，多大な労力をかけて繊細かつ慎重な設計・施工をしなければならず，本来の当工法の目的である「生産時，施工時の合理性の高い工法」の主旨と矛盾する結果となる．

より平易な検討と管理で確実な損傷制御性能，機能維持性能が発揮できる「次世代の天井下地」の開拓が業界全体の重要なテーマであり，新たな天井下地として普及していくことの重要性が伺える．

参 考 文 献

1) 中本康，グエンタンサン，元結正次郎，吉川昇，中川祐介：鋼製下地在来工法天井におけるクリップの力学的特性に関する研究（その1〜3），日本建築学会（関東）大会学術講演梗概集 B1　pp.843〜847　2006.9
2) 鈴木健司 金子美香 半澤徹也 神原浩 櫻庭記彦：鋼製下地在来構法天井の耐震性能に関する実験的研究，日本建築学会シンポジウム「東日本大震災からの教訓，これからの新しい国つくり」一般講演資料 2012.3
3) 荒井 智一，星川 努，小林 俊夫，九野 修司，大迫 勝彦，吉田 宏一，渡辺 恵介，荻原 健二：金属パネル天井の耐震性に関する研究：日本建築学会大会学術講演梗概集（九州）　2007.8
4) 日経アーキテクチュア　2012-3-25天井は「軽く，柔らかく」　pp.58〜60
5) 櫻庭 記彦，金子 美香，鈴木 健司，内本 英雄，田中 栄次：既存天井の後付改修構法の開発：清水建設技術研究所報，2013
6) ロックウール工業会：「システム天井新耐震基準」　2011.9.改定

2.2.5 設備機器

> 天井面,天井裏には不用意に重量設備を設置しないようにし,室内上部に設置される設備機器は人命保護を確保したうえで,建築計画段階から耐震その他の損傷制御に配慮し,必要な機能維持が達成できるように計画する.

天井面,天井裏には不用意に重量設備を設置しないようにすることが望ましい.意匠設計者は天井内部の設備機器や配管等の配置を把握し,建築と設備の取合いをしっかりと調整し,適切で安全な天井内部を実現することが重要である.

このためには,設計の当初から設備計画に配慮した建築計画を立案する必要がある.設備機器等の損傷脱落が人命に危害を及ぼしたり,下地を含む天井との取り合いで互いに干渉し,設備機器や天井の損傷落下が発生しないように対策を講じることが必要である.

また,別途工事,工場プラント,商業テナント,その他将来変更が予測される設備工事について,設計者は人命保護の確保と,発注者と合意した機能維持の実現のための基本的な考え方を発注者に伝達し,所有者は継続的な人命保護と合意された機能維持を継続的に維持していく義務がある.

1.建築計画と設備の整合

天井の設計では,意匠設計者が天井内部の設備機器やダクト,配管等の配置を把握し,建築と設備の取り合いをしっかりと調整し,適切で安全な天井を作ることが重要である.BIM (Building Information Modeling) を活用することによって天井フトコロ内の計画を可視化するのもひとつの方法である(図 2.2.5.1).複雑な天井フトコロ内を可視化することで発注者,設計者,施工者など関係者間で情報を共有し,安全な対策を実現することが可能となる.今後,BIM の有効活用が望まれるが,BIM は可視化のツールであり,整合のとれた安全な設計をするのは,あくまでも設計者であることを忘れてはならない.

(a) 天井裏全体

(b) 拡大図

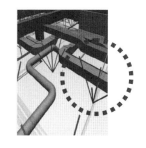
(c) ブレースとダクトの干渉部

図 2.2.5.1 BIM による天井フトコロ内の検討例

2．天井に関係する設備機器

天井に関係する設備は天井面に取り付く設備と天井内に隠ぺいされる設備の2つに分けられる．これらの設備は双方とも落下防止を行うことはもち論であるが，設備同士の衝突，設備と天井との衝突や干渉による破損，落下も合わせて防止する必要がある．

(1) 天井面に取り付く設備

(i) 照明器具

埋込み型の照明器具は天井の野縁受けを切ることとなる．ライン状に連なると天井下地がバラバラとなり，天井面全体の剛性が極端に小さくなる場合があるので注意が必要である．

(ii) ブリーズライン（ライン型吹出し口）

ブリーズラインは照明よりさらに深刻で，吹出し口にライン状にダクトが接続されており，野縁受けの補強が図 2.2.5.2 の照明器具のように細かく入れられない．したがって，天井下地全体に適切な強度を保てるように，ブリーズラインの長さを分割して天井下地を補強する必要がある．

(iii) 制気口

アネモ型やライン型の吹出し口等とダクトの接続は，最近ではほとんどフレキシブルダクトであるが，鋼製ダクトによる接続の場合，地震時に天井と衝突して破損，落下の危険性がある．空調の制気口は図 2.2.5.3 のようにダクトやチャンバーと落下防止ワイヤーで接続し，人の活動領域以下に落下しない構造とし，さらに吊りボルトの破断にも考慮して，チャンバー等も落下防止ワイヤーでスラブ等に固定する必要がある．また，図 2.2.5.4 のように器具と天井との間にエキスパンション機構を設けて天井との衝突を防止する方法もある．

図 2.2.5.2　埋込み型照明器具と天井下地

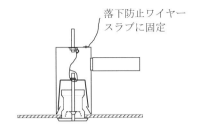
図 2.2.5.3　フェースの落下防止

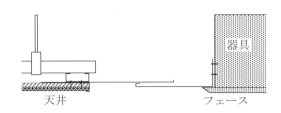
図 2.2.5.4　器具周りエキスパンションの例

(iv) 排煙口

　排煙設備は火災時の初期避難には必要不可欠の設備であり，損傷すると避難に支障の出る恐れがある．排煙口は法的に鋼製ダクト接続が必要となるため，損傷を防止するには下記の方法が考えられる

・排煙口と天井の間にエキスパンション機構を設ける．
・排煙口のフェイスを大きくして天井材との間にクリアランスを確保し衝突を回避する．
・天井材として柔軟な材料を採用する．
・排煙方式を天井チャンバー方式として天井材と排煙口の縁を完全に切る．
・排煙口までの法的な距離が満足できるのであれば壁面に排煙口を設ける．

　以上のように様々な方法が考えられるので，建築計画にあった方法を採用する．また，排煙ダクト自体も振れ止め，浮き上がり防止対策が必要となることは言うまでもない．

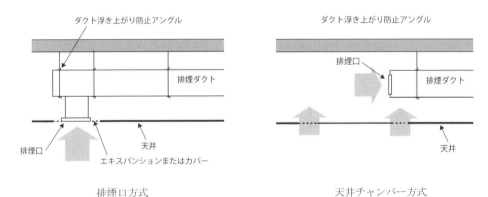
図 2.2.5.5　排煙設備の損傷防止対策例

(v) スピーカー等

　天井面に取り付く設備で天井と一体となって動くことができる軽量で軽微な設備，例えばスピーカー，自動火災報知設備，ダウンライトなどは万一の落下を防止するために，落下防止ワイヤーなどを設置し，人の活動領域以下に落下しない措置を講じる．ただし落下防止ワイヤーは長くすると衝撃力が増大してしまうので必要以上に長くしてはならない．

(vi) スプリンクラー

　スプリンクラーヘッドが配管で位置を固定されている場合，地震時に天井と衝突し，お互いに損傷する危険性がある．

　スプリンクラーは特に初期消火用の設備であり，ヘッドが破損して放水してしまうと，他の区画で実際に火災が発生した場合に水量が不足して火災が延焼拡大する恐れが生じる．したがって，スプリンクラーヘッドと配管を結ぶ継手はフレキシブル継手とするか，天井材として柔軟な材料を採用するなどして，ヘッドの破損を回避させなければならない．ただし，フレキシブル継手は施工の合理化から開発された工法で，変形させるのに力を要することから，安易に野縁受にヘッドを固定すると天井下地を損傷してしまう可能性があり，野縁などに堅固に固定する必要がある．

(vii) 天井カセット型空調機など

　オフィスなどではビルマルチ式空調システムが主流となっているが，天井面に取り付くカセット型空調機は重量が 500N 程度ある．カセット型空調機は天井に固定して地震時には天井の動きに合わせるか，天井面に強度が期待できない場合は，図 2.2.5.4 のように天井との間にエキスパンション機構をとって，天井と別の動きをしても衝突しない構造とする必要がある．また吊りボルトの破損を考慮し落下防止ワイヤーなども併用する．

(2) 天井内設備

　配管類，ケーブルラック，天井隠ぺい型の空調設備等があるが，どれも万が一の落下時には人命保護上危険な重量のあるものばかりである．落下防止ワイヤーなどによる落下防止措置を講じるとともに，地震時の揺れを抑制して天井吊りボルト，ブレースなどとの干渉，衝突によるお互いの損傷を防止することが重要である．

　また，上記設備機器を固定する吊りボルトは激しい振幅を繰り返すと容易に破断することが知られている．落下防止ワイヤーなどはスラブ，ぶどう棚などの安全性の高い部位に固定する必要がある．

3．別途または引き渡し後の設備工事

　工場などではプラント設備が別途で建物引き渡し後に工事が行われたり，商業施設でもテナント工事で設備が別途工事となる場合がある．引き渡し後の工事を行う設備施工者に対し，設備を含めた天井全体の落下防止措置，機能維持の基本的な考え方を徹底させることが設計者，所有者に求められる重要な事項である．

　また，設備は天井よりも更新期間が短いこと，テナントビルなどではテナントが替わることによって設備の変更工事が発生するので，所有者が運用段階でも設備を含めた天井の人命保護，機能維持を継続的に維持していくことがさらに重要であり，設計者は人命保護と機能維持の基本的な考え方を所有者にしっかり伝達しておくことが重要である．

参 考 文 献

1)　震災復興支援協議会「設備被害検討会」：東日本大震災による設備被害と耐震対策

3章　設計の進め方

3.1　設計の進め方

> 新築，改修，災害復旧時を問わず，設計者は単に法規を順守するのみでなく，建物を利用するすべての人々の確実な人命保護を実現し，発注者との十分な合意形成を図りながら，より安全安心な建築空間を実現する．

　新築，改修，災害復旧時における天井等の非構造材の設計の進め方は，単に法令を順守するのみならず，建物を利用するすべての人々に対する確実な人命保護の実現を最優先とする．さらに，要求される機能維持の検討を行い，適切な工法の選択を行う．設計者は，その過程で空間の特性，建築計画，防災計画および維持管理上の配慮を行い，発注者との十分な合意形成を図りながら，その合意内容を実現する．単に法令を順守すれば責任が回避されるという発想ではなく，利用者の立場に立って安全安心な建築空間の実現に努める姿勢が重要である．

3.1.1 新築・改修および復旧の進め方

> 人命保護を確実に実現したうえで，発注者との合意により必要に応じて機能維持を実現する．人命保護が確実でない天井等の非構造材は速やかに改修あるいは撤去する．

1．新築時の天井工法と「天井等の非構造材の落下に対する安全対策指針」

(1) 本指針の天井工法選択フロー

　設計者は人命保護を確実に実現したうえで必要に応じて機能維持を実現する．この際，発注者との意思疎通，合意が重要となる．対象となる室用途（不特定多数利用，防災上重要諸室等），求められる機能および性能（音響，遮音，内装制限等），天井材の素材（重い，軽い，堅い，柔らかい），天井の高さ（階高，天井高，天井懐等），平面形（広さ，長大，曲線状，分割）や断面形（段差の有無，勾配や曲面形状の有無），天井の置かれた環境（プール施設での温湿度，振動伝播の有無等）そして設備機器との取合い（機器本体，ダクト，配管等との離隔）といった条件を整理し，本指針により提示される方法論により，適切な工法を選択する．そのプロセスと具体的に工法を選択するフローが図 3.1.1.1 である．

(2) 新築時の天井工法のパターンと本指針

【従 来 型 天 井】：人命保護のため安全性評価を行い，従来型の天井（いわゆる吊り天井）も選択できるが仕上げ材としての天井材は，軽量・柔軟化に努める．
　　　⇩
【軽量柔軟化天井】　　また，必要に応じてフェイルセーフ〔「2.1.3」参照〕として，天井下に
【フェイルセーフ天井】　落下防止ネットや天井内に落下防止ワイヤーの設置等を採用する．安全性評価法で危険と判断される天井材（重量のある仕上げ材等）を用いる場合には必ずフェイルセーフ（同上）を採用し，人命保護を確実に実現する．機能維持を目的とした損傷制御の方法としては，耐震性の高い下地の採用や天井懐内の湿度管理を行う工法などがある．

【準 構 造 化 天 井】：音響性能等の要求から特に重量のある天井を実現する場合は，下地から天井面そのものまでを「構造」として設計施工し，仕上げ面が必要な場合は安全性評価法を用いて軽量柔軟な天井を設ける（準構造）．

【直　天　井　化　1】：吊り天井材を張らず，かつ室上部の設備機器の見え方，補強および落下防止にも配慮した工法．スラブ面に遮音や断熱材が必要な場合は安全性評価法により安全な面材を選択する．

【直　天　井　化　2】：構造梁に照明・空調機器を組み込み，高機能化をはかるなど構造部材と天井機能を一体化し，実現する工法．天井を吊らず設備機器は構造に一体で支持されるので高い安全性を確保できる．天井機能を構造部材に統合するという意味で，一種の準構造化とみなすこともできる

　以上の考え方をまとめたのが図 3.1.1.2 となる．

3章 設計の進め方 —83—

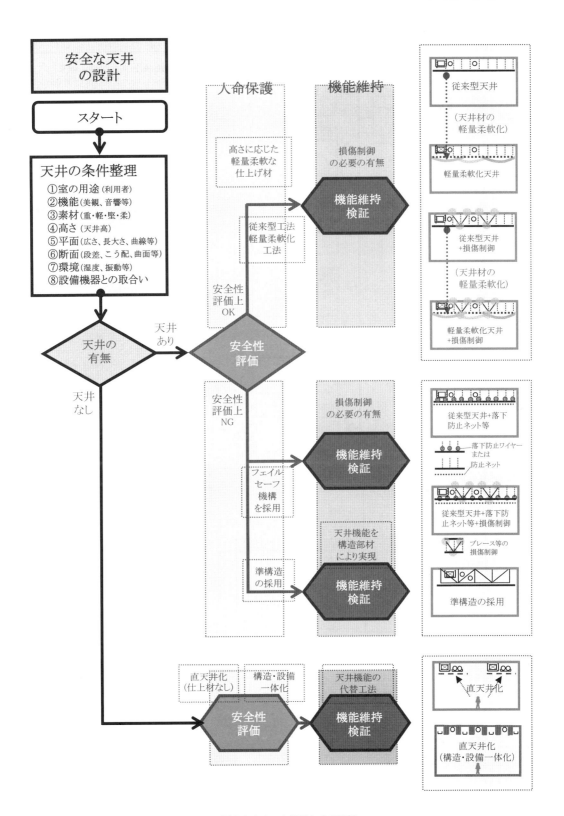

図 3.1.1.1 本指針による設計フロー

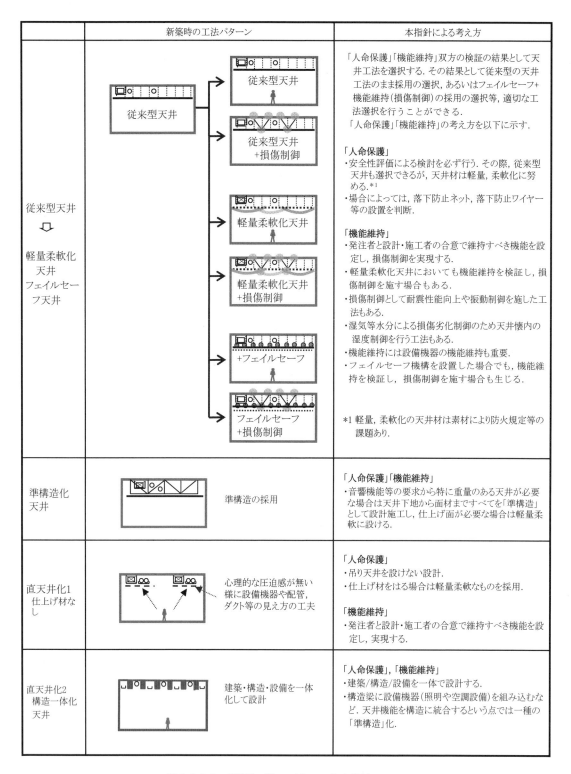

図 3.1.1.2 新築時工法のパターンと本指針

２．改修時の天井工法と本指針～「復旧から改修へ」

　落下事故発生後の「復旧」は，ほとんどが「原状復旧」もしくは機能維持の検証を伴わない「復旧」〔「5.3　改修を阻む様々な要因」参照〕を意味しており，同様な事故の再発を許すだけでなく，人命保護を確実に実現する対策とはならない場合が多い．事故を防止するためには，安易な「原状復旧」の選択ではなく，前項で述べた工法選択フローにより安全性評価と機能維持の検証を行い，確実な人命保護を実現する「改修」〔「３．改修計画の進め方」参照〕を行わなくてはならない．

(1) 復旧時，改修時の天井工法

　「復旧」と「改修」を明確に分けて天井の工法を下記の様に整理する．

【原　状　復　旧】：文字通りの原仕様のままの復旧およびこれに加えて地震力等に対する損傷防止のための何らかの措置（ブレース等の補強工法を単体で採用，もしくは併用）が施された方法．

【フェイルセーフ改修】：応急性を優先し，やむを得ず原状復旧を先行した後にフェイルセーフ化として落下防止ネットや落下防止ワイヤーを設置する事例．事故後の点検で「損傷なし」でも安全性評価の結果，採用する場合もある．

【従来型性能向上改修】：改修の際には，人命保護のため安全性評価を行い，従来型の天井も選択できるが，仕上げ材としての天井材は，軽量・柔軟化に努める．また，必要な場合はフェイルセーフとして落下防止ネットや落下防止ワイヤーを設置する．機能維持を目的とした損傷制御の方法としては，耐震性の高い下地の採用や湿気による損傷劣化制御を行う工法等もある．

【軽量柔軟化改修　】：

【準　構　造　化　改　修】：音響性能等の要求により質量の大きな天井面を実現するために「準構造」（構造部材として設計施工された構造部材からなる下地と天井面）を採用する方法．

【直　天　井　化　改　修】：天井を張らない選択＝天井材落下の危険性を排する方法．

(2) 改修時の工法パターンと本指針

　本指針では，性能，仕様として過剰ではなくその場や用途に適切な工法が選択できることを意図している．例えば，被災時に速やかな「復旧」の必要な場合や文化財等で「原状復旧」を求められる場合も想定し，「フェイルセーフ改修」の選択も用意している．応急復旧時ではない維持保全のための改修時でも新築時と同様に人命保護のため安全性評価，機能維持検証を行い工法を選択する．従来型性能向上改修は，地震時の機能維持要求があれば耐震性能を向上した下地を採用する等，原状復旧ではない改修を指す．軽量柔軟化改修は，人命保護の点から，高さに応じて，軽量で柔軟な天井材を使用する改修である．準構造化改修は，劇場・ホールの音響性能上必要な重量面材を安全に実現するための「準構造」を採用する改修である．また，直天井化改修の場合，天井材の落下を根本的に排する反面，隠ぺいされていた重量設備機器が露出することによる心理的な圧迫感に配慮する必要がある．以上の考え方をまとめると次頁の図 3.1.1.3 となる．

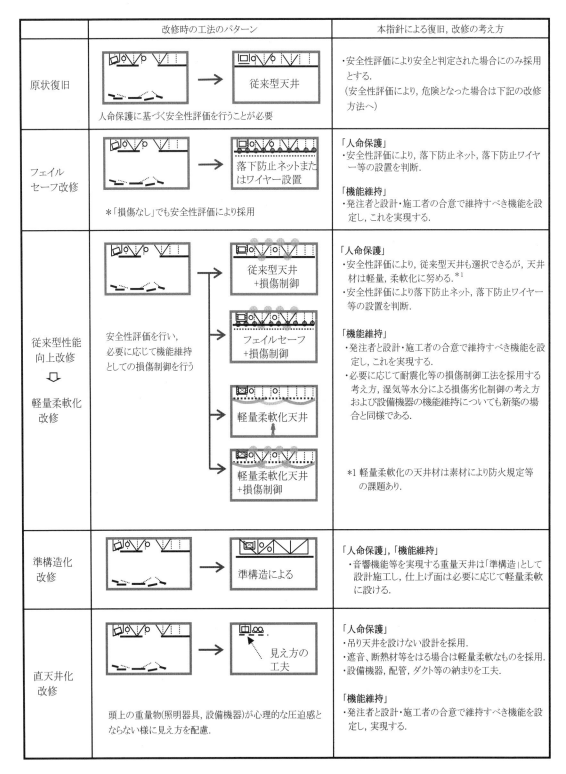

図 3.1.1.3 改修時工法のパターンと本指針

3. 改修計画の進め方

(1) 天井改修計画の全体の流れ

天井の改修を行う際の，計画の進め方の例を図3.1.1.4に示す．

①事前準備

発注者の要求事項，依頼事項を確認するとともに，設計図等を基に天井の診断に必要な情報を整理する．

発注者の要求事項，依頼事項の確認，関与すべき関係者は，「3章」他項および「4章」とその解説を参照されたい．確実な人命保護の実現を必須事項とし，例えば地震に対する機能維持が要求される場合には，設定された地震規模での耐震性の確保や，許容される損傷の形態や程度，復旧や点検の方法，事業継続性に関する要求事項等を確認する．また，防塵性や断熱性，耐久性，気密性，遮音性，音響性能，耐風圧性能等の天井に対するその他の要求性能についても確認・整理をしておく．

設計図書などからは，天井高と天井材質，調査箇所の優先度，調査のための準備事項(足場，高所作業車の要否等)を確認し，必要な準備を行う．

②調査・打合

室内の状況を観察し，天井全体の形状，天井高，天井材等を確認し，安全性評価に必要な情報を入手する．不明点は設計図書を確認するか，以降の詳細調査にて情報を入手する．

この時点のチェックポイントは，設備機器の状況，懸垂物の有無，天井面のシミや過去の取替の痕跡，周辺壁等との関係，クリアランスの有無，段差の有無，等である．

次に，既存の点検口等から天井ふところ内を観察し，天井下地の状況や天井の材質，重量，形状，面積の確認，湿度や風圧，振動の状況，天井内換気の有無，過去の地震の影響や改修の履歴，結露・湿気・水漏れの状況や劣化状況等を把握し，設備機器の状況や天井との関係も確認する．必要に応じて点検口の新設も行い，詳細調査計画を立案するための材料を収集する．

詳細調査は，収集した材料から調査項目を調整し，その後の改修計画に必要な情報を得ることを目的とする．改修計画の合意形成には見積・積算作業も不可欠であるため，この段階で改修工法の選定に必要な情報（例えば躯体や胴縁，周囲の壁，根太，柱・梁などの構造体の状況）や，数量，計画・施工上の制約条件や注意点なども把握することが望ましい．

③改修計画および改修工事

調査が完了し，天井の現状が把握できた時点で，改修の要否・方法についての協議に移行する．

まず，人命保護のための安全性評価を行う．使用されている天井材と設置高さが安全領域に入っていること，または確実な人命保護対策が実施されていることを確認し，そうでない場合や人命保護上危険と思われる状況が見つかった場合には，人命保護を確実に実現するための改修が必要である旨を発注者・建物所有者等に報告する．この時点で劣化・損傷を受けた部材の応急対策等が必用な場合もあり，その場合には早急な対策実施を促す．

さらに，①で協議を行った機能維持性を確保するための対策案について，調査結果を反映して発

注者・建物所有者等との合意形成を図る.

費用対効果を含め，改修計画がまとまった段階で改修工事に移行する.

(2) 天井の調査

天井の調査は，まず人命保護の実現のための情報収集から始める．さらに機能維持が要求される場合，天井の損傷につながるすべての項目を包含して調査を実施する．

天井材，天井下地材のみならず，建築物の構造種別，天井の位置（階数），吊り元，天井ふところ内に位置する天井以外の部材・部品，天井端部に位置する壁，柱，その他の周辺部位，天井に取り付けられた部材・部品等を包含し調査する．

主な天井の調査項目と観察のポイントについて，表 3.1.1.1 に事例を示す．

この調査項目は一般的な軽量鉄骨天井下地工法の吊り天井の場合の例である．天井の種別が異なる場合は，その状況，要求性能に応じて点検項目の増減を行い調査を実施する必要がある．例えば天井ふところに外気導入を計画している場合などは，強風時の天井への風流入の影響や対策を確認する，等である．

なお，天井を点検すると，既往の地震によると思われる損傷（溶接部の破断，クリップ・ハンガーの滑り，損傷，天井ふところ内の他部位との干渉による吊りボルトの変形他）が見られたり，経年劣化による支持耐力の低下（天井内点検通路のぐらつき・緩み，湿気・漏水等による天井材・下地材等の劣化等），天井内残留物の放置（建設用具，点検用具の置き忘れ等）など，人命保護や機能維持上問題となる箇所が見つかる場合があるので，発注者に応急対策を含む早急な対策の実施を促すべきである．図 3.1.1.5 に，早急な対策が必要な事例を写真で示す．

3章 設計の進め方 —89—

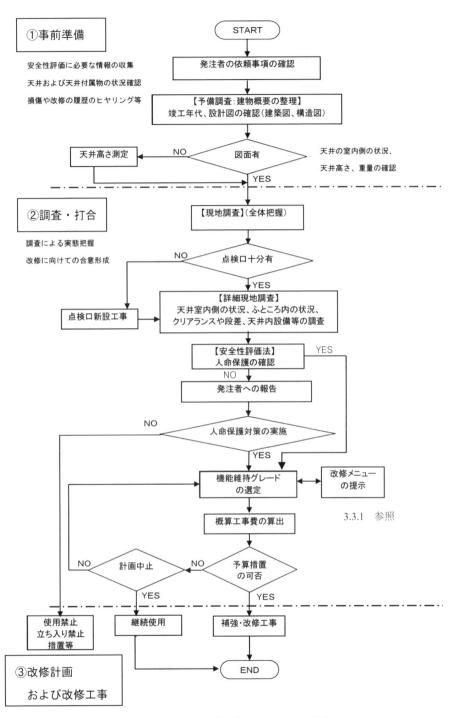

図 3.1.1.4 天井改修計画のフロー（例）

表 3.1.1.1 天井診断項目の例

調査項目	調査内容	観察のポイント
構造種別・形態	S造，SRC造，RC造ほか 建物形態	地震，風その他外乱の天井への影響等の確認 構造体の偏心，風の縮流，地震時の変形など
天井設置状況	湿気，水濡れ，風圧，振動の影響の有無ほか	人命保護や機能維持上の影響・課題の把握
天井設置階	当該の天井の設置階	同上
天井高さ	当該天井の床面からの高さ	安全性評価法による人命保護実現状況
天井材質と重量	当該天井の材質，単位面積当たりの重量	安全性評価法による人命保護実現状況 耐震化を検討する際の外力設定
天井面積	当該天井の張り面積	損傷危険度の評価 耐震化を検討する際の外力設定
天井形状	段差や曲面の有無	落下防止，損傷防止の重点対策部位 同一天井の吊り長さの違い等の把握
用途	対象室の用途	建築計画上の重要性の確認，被災リスク，事業継続性の検討
天井下地材	下地材の形状，肉厚および材質等（JIS材等の使用）	天井下地強度の評価 改修対策後の信頼性の評価
天井ふところ	天井仕上げ面から吊り元までの距離	地震時の天井面の応答等の分析 ぶどう棚の要否検討
耐震要素	ブレース等の耐震要素の有無および設置個所数 接合部金物の状況，補強の有無，溶接の有無と状況 ブレース接合部の吊り元側の固定状況，吊り元との距離 ブレース下部の固定状況，下部の固定部材の強度 ブレースの断面性能 段差部の補強，縁切りの有無 下地の固定状況 天井周囲の壁等との関係	当該天井の強度評価 ブレース座屈長さへの影響の確認 地震時の天井への影響 天井からの影響の確認
吊り元	吊り元の状況 RC・デッキインサート，鉄骨母屋，ぶどう棚鉄骨，等	吊り元の健全性の評価
吊り元の固定状況	引掛け式金物（吊りクランプ類）の有無	吊り元の健全性の評価
天井内設置物	設備機器，点検足場，舞台設備他の有無と設置状況	天井下地との干渉の有無確認 落下防止対策の確認
天井周囲の部位	壁，柱等の構造	天井慣性力に対する耐力評価
間仕切り壁	構成（天井下，天井勝ち，パーティション等）	

a. 天井下地の腐蝕

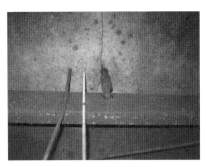

b. 天井吊り元の母屋鉄骨の腐蝕

c. ボルトの緩み

（余長が確認できない）

d. ふところ内に存置された残材

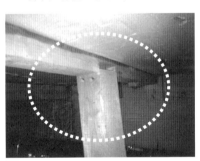

e. 木製の天井吊り材接合部

（経年による縮みまたは外れによる天井下地の垂下）

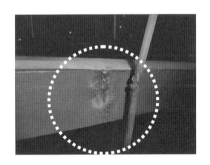

f. 不適切な溶接

（外力の履歴による損傷）

g. ブレースの不適切な設置

（吊りボルト中腹に点付け溶接）

h. 下地接合部の損傷

（クリップの外れ）

図 3.1.1.5　既存天井の対策が必要な例

(3) 改修計画・工事における注意点

既存天井を改修する場合，人命保護の確実な実現とともに，目標とする機能維持の性能について関係者と合意形成のうえ，必要な措置を講じる．安全性評価によって危険と判断された場合，撤去，落下防止対策，安全な天井材への張り替え等の対策を選択実施する．以下では人命保護を確保したうえで，さらに機能維持が必要となる場合についての注意事項を述べる．

①関係者との合意形成

天井の耐震改修の際に，発注者より「oG まで持つ天井とすること」という条件が提示されるケースが多い．このような条件はしばしば，「oG まで落ちない，壊れない天井」と認識されがちであるが「oG まで落下しない天井ではなく，oG まで機能維持でき，地震時はもとより地震の有無にかかわらず常に人命保護が実現されている天井として安全を確保する」という観点を共有することが重要である．したがって，発注者との改修方針を協議する場合，まず人命保護対策についての合意形成から始める必要がある．

まず天井材がなくても当該室や建物の目的，要求性能，機能を満足する場合は，天井撤去を検討しその採否の確認を行う（例：図3.1.1.6）．次に軽量柔軟な天井材等，安全性評価法を満たす天井材への変更の可否を検討する．そのうえで，既存天井の形式を維持して改修を行おうとする場合には，既存天井材を生かして落下防止対策を設置する等の検討，あるいは既存天井を撤去し人命保護が確実となる新たな天井にやり替える等（準構造形式を含む）を検討，施設に見合った最適解について合意形成を図る．

図3.1.1.6 中小事務所で吊り天井を撤去する提案例

②機能維持のための改修の注意点

「接合部のみを補強する」といった改修方法でも，既存のままよりも損傷リスクは軽減できる場合があるが，天井端部の周囲の部位への衝突による衝撃力の発生や，大規模な天井で端部の圧縮力（天井慣性力）の集中による天井下地材の面内座屈等が想定されるため，接合部補強の損傷防止効果も限定的であることに注意する．

ブレース等の耐震要素を設置する場合，野縁・野縁受等の主材と接合部耐力など下地全体のバランスが取れていないとブレースは有効に機能しない．既存設備等が天井ふところ内に存在する天井改修の場合は，理想的な位置・方法で補強が実施できないケースも多いため，現地を確認しながら補強方針を緻密に計画する必要がある．その際，ブレースを不用意に天井面に対し偏在して設置した場合は，地震時に天井面に回転やねじれが生じ，かえって天井損傷を誘発する場合があることを忘れてはならない．このような場合，ノの字やレの字，ハの字，逆ハの字のブレースを使用して全体のバランスを取ることも重要であり，あらかじめこれらのブレース構成別に負担可能天井面積を把握しておく必要がある．試験施工が可能であれば，一部の天井を，本施工前に想定した方針で試験施工し，関係者で課題を共有し解決を図る方法は有効である場合が多い．

③折板などの屋根が吊り元の場合

　折板屋根等の仕上げ部材から直接吊っている天井は，常時風などの外乱による振動や変位を吊り元から受け続けることになる．また，地震時には構造材でない吊り元の仕上げ部材（折板等）に吊りボルトから地震時の慣性力などが直接伝達される．接合部のディテールを含め，吊り元の仕上げ部材に十分な耐力が確保できることを判定するのは困難な場合が多く，原則として折板等から天井を直接吊ることを避けるべきである．その際，母屋鉄骨やぶどう棚などの別部材を構造材として設置し，そこから人命保護の確保された天井を吊ることが有効である．改修は鉄骨工事を含む大規模な工事となるため，事前に工程や仮設計画を含めた総合的な検討が必要となる．

④使用しながら改修する場合

　既存天井の改修を促進するうえで克服すべき課題が，施設や室を使用しながら改修する場合である．例えば，折板から吊られた天井を改修する場合は，既存天井を取り壊し，天井内設備を解体し，母屋鉄骨やぶどう棚を既存躯体に取付け，落下防止された設備，人命保護の可能な天井に改修する，といった長期間の事業停止や多額の設備投資が必要となる．その場合，使いながら改修することを優先するあまり，在来軽天の耐震化に必要な注意点に対し十分な措置を講じない工法が（やらないよりまし，というような観点で）採用されるケースが散見される．例えば，天井周囲の壁などの耐力も評価せず，天井の面内座屈検討も行わず，接合部のみ補強する，等である．このような場合，地震時に天井や周囲の壁も含めて大きな損傷が生じる懸念を残しており，天井の改修工事が本来の機能維持目標を達成しない場合も想定されるため，特に慎重な検討を要する．

　このように使用しながらの天井耐震改修は難易度が高い場合が多く，様々なふところ寸法，吊り元状況や下地の耐力，天井の重量に対し，ある程度の冗長性や汎用性をもって，施設を使用しながら改修できる工法の開発が急務であると考えられる．「工法および事例の紹介編　2.2」のケーブルやグリッド材による下から支える工法などは，こういった場合も想定して開発された工法である．

⑤ホールや劇場等の天井改修

　劇場その他それに類する施設の天井等で非常に大きな質量の天井材を複雑な形状で構成しなければならない場合，既存天井に落下の懸念がある場合は，準構造形式へのやり替えや，フェイルセーフ機構の付加等の対策が求められる．個別性が高い検討のため，建築，構造，設備，施工等の専門

技術者らにより総合的に計画を進めることが望ましい．質量の大きな音響天井を準構造で構築する場合は，特に音響技術者・構造技術者や関連技術者らが協働し総合的な合意形成を図る必要がある．

　落下防止ネット等で天井の落下防止を図る場合，衝撃荷重やネット自身の短期許容応力の特定や接合部の構工法，想定荷重に対するネット構面全体の応力分布の把握，水平軸力で鉛直荷重を支える際のスラスト荷重の評価，既存構造体への緊結方法などを事前に検討し，必要に応じて実験を行うなどして安全性を確保することが重要である．安易に「ネット張り」という見た目の安心感に依存せず，安全上の「最後の砦」となるフェイルセーフ工法に対し，確実な落下防止性能を満足するための総合的な検討が求められる．

⑥地震時以外の損傷制御対策

　表 2.2.1.4 に示したとおり，特に当該室の室内湿度が高い場合（プール，浴場，食品工場等）や化学薬品が使用される場合等は，天井内で天井下地材の腐蝕が生じやすい．このような室については天井内の調査を早急に実施して腐食・損傷の程度を確認し，緊急度に応じて応急対策の実施を建物所有者に促す．恒久的な改修計画については，おかれた環境に応じて適切な対策，材料の選定を行い改修方針を決めることが重要である．

　また，常時の外力や振動を繰り返し受ける環境下の天井については特段の注意が必要である．一般的な天井下地は 0.5mm～2.3mm といった薄板が使用されており，繰返し加力による疲労が生じやすい．また，接合ビスやボルトには適切な緩み止め対策を施さないと接合部の脱落等を招く場合がある．

3.1.2 建築計画的アプローチ

> 天井等の非構造材の落下に対する安全対策は，その設置高さ・材質・形状・設備機器の設置位置等のみならず，建築計画や空間構成・意匠・避難計画・メンテナンス計画の面からも十分に検討する．

1．建築計画・避難計画

多人数の集結する場所や避難時に必ず通る場所，さらには機能維持上重要な場所について，建築計画・避難計画面からも考えることによって，天井落下事故等の影響をなるべく小さくし，より合理的に人命保護や機能維持を達成することが可能である．

(1) 主要な避難経路の取り扱い

避難階においては，上階より階段から降りてきた人がなるべく避難階の中を通らず，直接または最短で地上まで避難できることが望ましい．

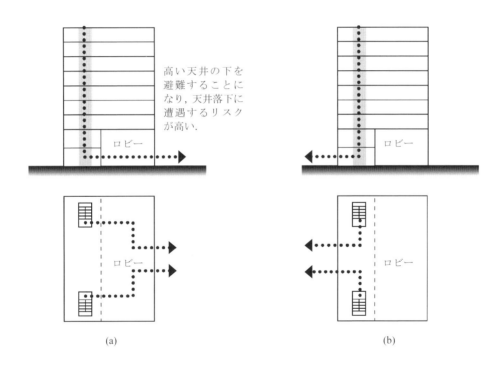

図 3.1.2.1　避難階における避難経路の考え方

図 3.1.2.1 の(a)のケースでは避難者の大部分が 1 階（避難階）を通らないと避難できない．1 階は天井の高いロビーやホール等もあり，天井等の落下被害の影響が大きい．外部からの救助活動にも支障が出る可能性もある．(b)のように，階段から屋外に直接通じる，もしくは最短で屋外に避難できる計画が望ましい．劇場，映画館，ショッピングセンターなどでは天井の高いホワイエやロビーを通って避難する人数をなるべく減らすような避難計画とすべきである．

(2) 観覧席等を有するアリーナ

観覧席等を有するアリーナの計画では，観覧席部分を低く押さえることで，人口密度が高く身を守りにくい観覧席の天井落下による危害のリスクを小さくすることができる．観覧席部分の気積を抑えることで空調ボリュームも小さく抑えられる．

音響上，質量の大きな天井が必要な場合は準構造を採用する（図3.1.2.2）．

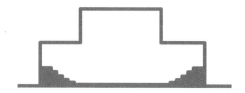

図3.1.2.2　観覧席等を有するアリーナ

(3) 多人数が滞留するところは天井を低く

大空間の避難出口では，非常時に人が集結し滞留が生じやすいため，避難出口がある大空間の周縁部の天井を低く抑える（図3.1.2.3）．

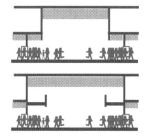 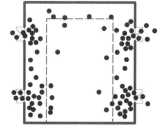

(a)　断面の考え方　　　　(b)　非常時は出入口近傍に滞留する

大会議室や宴会場などは退出時や避難時，出口に多人数が集中・滞留しやすい．人命保護の観点から，出口近傍は天井を低くすることが望ましい．
なお，天井の高い部分と低い部分を折り上げて連続させると，そこが天井脱落の上で弱点になることが多いので注意すべきである．

図3.1.2.3　出口近傍への滞留

(4) ホワイエ，ロビー空間

大空間の天井落下防止と同じく，ホワイエ，ロビーの天井落下事故防止も重要である．劇場や映画館からの避難者の多くはなるべく最短経路で屋外や避難階段，避難用廊下に移動できることが望ましい．なお，人は入って来た方向に避難する傾向があるため，ホワイエ，ロビーへの避難者も一定数考慮に入れる必要がある．ホワイエ，ロビーの広さは，想定される避難人数を収容出来る広さを有すべきである．想定避難人数×0.3 m²程度以上の広さが望ましい（図3.1.2.4）．

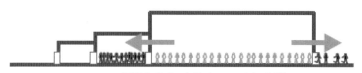

図3.1.2.4　ホワイエ，ロビー空間

(5) 排煙設備との関係

　排煙設備の中で機械排煙設備は天井内のダクトが必要である．排煙ダクトは排煙時の静圧に対抗するため頑丈にする必要があり，重くなる．また排煙口を防煙区画内の各部分から30メートル以内に設ける規定となっているため天井内にダクトが多く長くなりやすい．2011年3月の東日本大震災では排煙ダクトや排煙口の脱落，さらに天井材が共連れで落下するなどの被害が多く報告された．排煙口は壁面の上部への設置も可能であり，壁面を丈夫に作ってあれば排煙口の落下の危険性を低くすることが出来る．

　排煙ダクトが梁の下をくぐるところでは，部分的にダクトを扁平にしたりするなど，天井の吊り方がイレギュラーな箇所も発生しやすいので注意を要する．天井内のダクトや設備機器の整然とした配置は天井落下防止対策上の基本として重要である．

　防災計画の工夫によって排煙設備が絡む天井落下リスクを少しでも小さくする方法について，天井チャンバー方式と階避難安全性能を確かめる方法について紹介する（図3.1.2.5，図3.1.2.6）．

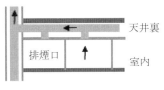
通常の機械排煙

天井チャンバー方式の排煙

　通常の機械排煙が，各排煙口に排気ダクトを直結して排煙を行う方法であるのに対し，天井チャンバー方式は天井内を同一空間とし，その空間に対して排煙ダクトを接続し排煙を行う方法である．これにより排煙ダクトを大幅に減らすことが可能となり，天井脱落のリスク低減にもつながる方式である．

図3.1.2.5　天井チャンバー方式（天井部分の断面イメージ）

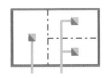
仕様規定による設計
500㎡以内ごとに防煙区画と排煙口を設ける必要がある．

階避難安全性能による設計
（排煙設備あり）
防煙区画は1500㎡まで拡大可能．排煙ダクト長さや径も短く，あるいは小さくて済む可能性がある．

階避難安全性能による設計
（排煙設備を設けない）
排煙設備を設けない設計も可能．排煙口やダクトが不要になる．

　階避難安全性能注1)を確かめることにより，排煙設備の設置に関する規定および排煙設備の構造に関する規定については適用除外となる．また，排煙設備を設ける場合でも，排煙設備の構造に関する規定が適用除外になり，設計の自由度が向上する．例えば防煙垂壁は通常の設計（仕様規定に従う設計）では500㎡以内ごとに必要であるが，階避難安全性能によれば1,500㎡以内ごとで済む．
室面積が1,500㎡以下であれば防煙垂壁は不要であることになり，垂壁の落下やそれによって引き起こされる天井損傷等のリスクは大幅に低下する．
　必要な排煙量についても小さくすることが可能であり，防煙区画と同時に考えることにより，排煙ダクトのサイズや長さを大幅に低減できる．

注1) 建築基準法施行令129条の2

図3.1.2.6　階避難安全性能を確かめる方法

(6) 半屋外，半屋内空間

駅舎など大空間が一日の大半を屋外に向けて開放されている場合，風や湿気の浸入は天井システムに悪影響を与えることが多い．特に風圧の変化は天井材や下地を常時揺らすことで天井の損傷落下の危険性を高める．このような場合は，外部の軒天井の工法や準構造，直天井を検討すべきケースが多い．詳細な検討は「2.2.2」や「3.1.1」等を参考に慎重に行う（図3.1.2.7）．

図3.1.2.7　駅舎など半屋外空間，半屋内空間

(7) 天井面を区切る

大面積天井に地震時にかかる水平力は，全体では非常に大きくなる．機能維持を目的として地震時の損傷制御を行う場合，天井を力学的に区切り，天井面積を小さくすることも可能である．端部における反力を利用する場合は，強固な垂れ壁を準備し，これを防煙垂壁と兼用するなど防災面との整合を図ることも考えられるが詳細な検討は「2.2.3」および「2.2.4」により慎重に行う（図3.1.2.8）．

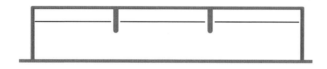

図3.1.2.8　天井面を区切る

(8) 点検やメンテナンスに配慮した計画

大空間を有する大規模施設や複合施設は，大規模ゆえに雨漏りや設備配管からの漏水などによる天井損傷の要因が多くなる．人命保護はメンテナンスにかかわらず確保されるべきであるが，機能維持に関しては，天井や天井裏の点検・メンテナンスが適宜十分に行えることが望ましい（図3.1.2.9）．

点検やメンテナンスが難しい場合，点検の質が損なわれ，損傷の危険が見過ごされてしまう場合がある．

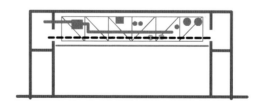

図3.1.2.9　点検やメンテナンスが行えるキャットウォークを配した天井

(9) 最上階無柱大空間の注意点

2011年3月の東日本大震災における調査(付録:東日本大震災における天井被害アンケート結果)によると,天井落下被害が多かったのは最上階,また主要構造部が鉄骨造の場合であることが報告されている.

会議場,食堂,劇場,映画館,工場などを無柱の大空間として最上階に計画することは合理的であり頻繁に行われている.最上階は元来,振動モード上も振幅が大きいため,階高と天井高の大きなこれらの施設では,一層揺れやすくなり,大きな被害につながったと考えられる(図3.1.2.10).

上層部に多人数を収容する場合,準構造天井を採用する場合でも,特に大きな加速度に備える必要があることに留意するべきである.また,地震力に対する機能維持を要求する場合は特に配慮が必要である.加えて,こうした大空間を本当に最上部に設置する必要があるのか,機能維持を重視する場合は地上近くに設置するべきではないか,といった建築計画の判断も必要である.

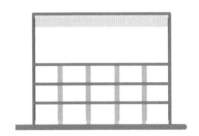 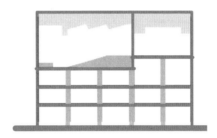

図 3.1.2.10 最上階の大空間のイメージ

2. 天井のデザインから考える

天井は意匠上の重要なデザイン要素である.折り上げたり,斜めにしたり,曲面状にしたりすることで空間内に場や通路空間などを表現したり,高揚感やドラマ性などを生み出したり,音響性能の確保のため音の反射や残響を考えて複雑な形状にすることもある.

一方,天井の凹凸・曲面部分・段差などイレギュラーな部分を在来工法やシステム天井で施工した場合,地震時に損傷が生じやすいことは繰り返し指摘されてきた[注2].こうしたデザイン性のある天井を試みる場合は,特に安全性に心を砕いて設計すべきである.むしろ軽量柔軟な素材にあったデザインや意匠性の高いフェイルセーフの方法などデザインの初期段階から確実な人命保護を織り込んだデザインを検討すべきである.その意味で人命保護の確保は新しい天井デザインの規範を与えてくれると考えることもできる.一方,機能維持の立場からは,損傷を誘発しやすい形状を避けるデザインが要求されることも考えられる.機能維持上問題がある場合には,そのデザインが必要なのか,意匠的に無理のないデザインにできないのか…といった冷静な判断も必要である.

表3.1.2.1に,天井の意匠に関して,対応のヒントなどについてまとめる.

注2) 2003年十勝沖地震を契機として出された国土交通省の技術的助言「大規模空間を持つ建築物の天井の崩落対策について」,また東日本大震災の天井落下事故でも数多く報告されている.

表 3.1.2.1 天井のデザインから考える

天井の形状	問題点	対策
主通路の上の意匠や間接照明のための異形な天井	・損傷を生じやすいイレギュラーな形状部分が，人の多いところの上にある．	・軽量柔軟で安全性の高い天井材の採用． ・軽量柔軟で安全性の高い天井材にあった意匠の採用を検討する． ・フェイルセーフで人命保護を実現し，耐震補強などで機能維持を図る場合には，損傷の生じやすい部分に注意する． ・天井内の設備機器などの落下防止ワイヤー設置などにも十分に留意する．
壁との取合い部での間接照明や制気口のための天井形状（吹出し口，リタン）	・天井と壁が接する部分に損傷を受けやすい異形な部分がある．	
天井端部を開口部の手前で大きく折り上げ 外観で開口部を大きく見せるため，天井端部を折り上げる例	・大きな段差や鉛直面が，地震時に損傷を受けやすい傾向がある．	
斜め天井，階段状の天井	・吊り長さが不ぞろいになり，天井面の水平剛性が低下するため，地震時に損傷を受けやすい．	
壁際を低くする（中央を高くする） ・段差部分に間接照明 ・設備の納まりによる場合などが多い．	・剛性の劣る段差部が天井損傷を受けやすい．	
平面形状が凹凸，円弧状など整形でない場合 （平面）　（平面） （断面）　（断面）	・下地が不整形なことが多く，地震時に不規則な揺れが生じ，損傷し易い． ・また，整形でない平面形状は，断面形状も複雑であることが多い．	
平面形状が長い，廊下状の場合 （平面） （断面）	・地震時，天井の長手方向に大きな慣性力を伴い，接続する壁に衝突するなどして，損傷を受けやすい． ・廊下の多くは避難経路となるため要注意． ・天井裏に配管・配線・ダクトが高密度に配されていることが多い．	

3.1.3 発注者との合意形成

> 設計者は発注者に対し天井等の非構造材に予測される各種損傷や劣化と，それにより発生しうる危険性の詳細について確実に伝える．続いて，人命保護の実現と必要な機能維持について協議し，意思の疎通と合意形成を図ったうえでこれを実現する設計を提示し行う．

1．発注者との合意形成とは

　天井は一様な面として構成されていることが多く天空に近い認識となり，「天井が落ちてくるかもしれない」と考えるのはまさに杞憂と思われがちである．このような認識が天井の落下防止について発注者と設計者が議論し考えていくうえでの障害となっていた．

　発注者との合意形成という言葉は，発注者と設計者がこれらの認識をあらため，話し合って，天井や内装全般にかかわる物事を決めていくという意味である．具体的には以下のようなプロセスである．

　天井等の非構造材落下からの人命保護を念頭に置いて，設計者側から発注者へ以下の事項を確実に伝え，理解を得ることが第一である．

- 天井等の非構造材を含む頭上の設置物が落下した場合の危険性・リスク

- 地震時以外でも，様々な要因によりこれらの落下は発生しうること

- 人命保護を第一に考えた天井材の選定や天井工法の選定，非構造材の設置が必要であること

　天井等の非構造材は重力の作用下で常に落下の危険性にさらされており，これらが落下した場合，天井材の重量と設置高さの関係で人命への重大な脅威となり得ること，天井材がそれほど重くなくても一定以上の高さから落下して人の頭部を直撃した場合，人命にかかわることなどを最新の知見をもとに伝える〔「2.1.1　安全性評価」参照〕．地震時以外の天井の落下事例や，下地材等に地震等によるダメージが蓄積され，一定期間を経て落下する可能性があることなども伝える．

　続いて，機能維持の観点から以下の点について発注者へ説明し協議のうえ，合意に至る決定を行う．

- 天井により実現する様々な機能と想定される損傷による機能劣化，それら損傷の防止法

- 必要な機能維持の確認と経済性とのバランス

- 以上をもとにした，適切な天井の設計案の提示と採用

以上が発注者との合意形成である．

　発注者との合意形成を進めるための具体的な方法を，以下に例示する．

2．地震（応答）の大きさと機能維持性能に関する合意形成

建物の耐震グレードについて，主要構造部に関する発注者との合意形成の例として図 3.1.3.1 に示すようなメニューがしばしば使われる．構造体の被害は「倒壊」→「著しい損傷だが倒壊・崩落しない」→「補修を要する損傷」→「軽微な損傷」→「無被害」…のように表現される．人命保護が議論されるのはこの中で崩落にかかわる段階であることが多い．そもそも建物が傷んでも倒壊せずに建っていれば人命に対して脅威とならず，倒壊した場合に初めて脅威となるという構造設計の考え方が根底にある．そのため倒壊以前の段階や損傷がほとんどない段階において，人命に脅威となる非構造部材の落下の危険性については見過ごされやすい．

意匠設計者と構造設計者の役割が悪しき縦割りを踏襲すると，構造体に関しては発注者と目標性能やグレードについて合意したが，非構造部材は合意形成どころか議論していなかったという事態に陥りやすい．近年，構造体が健全でも天井の大規模な崩落が発生することすらあり，それが人命に脅威になることが意識されるようになった．天井等非構造部材に関して同様の整理をすると，例えば図 3.1.3.2 のようなイメージになる．

図 3.1.3.1，図 3.1.3.2 ともに人命保護は必ず守るべき最低基準である．

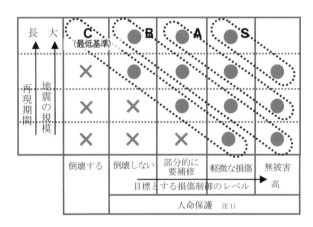

注1）人命保護は「倒壊しないこと」のところに書かれることが多い．「倒壊しない」以下の損傷レベルであれば直接生命に脅威とならない…という認識であるが，「倒壊しない」以下の損傷レベルで非構造材の落下防止を行うことで初めて人命保護は達成されることを伝える必要がある．

図 3.1.3.1　構造耐震グレードの考え方（例）

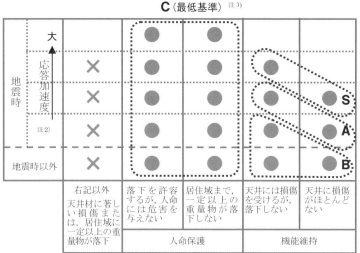

図 3.1.3.2　地震時の空間の機能維持に関する天井のグレードの考え方（例）

3. 天井等に関する様々な機能実現と機能維持, 経済性とのバランス

　発注者の要求と投入できる資源（コスト）の中で天井等の機能実現を議論しなくてはならない．音響, 採光など空間に要求される機能は頭上の空間と関連する場合が多く, 大空間の場合は特にその傾向が強い．機能実現（高さ, 音響, 照度分布等）のみの優先は, 確実な人命保護の実現を難しくする場合があるため, 厳に慎まなくてはならない．また, 天井等の揺れや天井付帯物や懸垂型設備の揺れ, 揺れに伴う音なども恐怖感の対象となる場合があり機能上問題となる場合がある．

　「天井等に要求される性能」,「人命保護（安全性）」,「コスト（経済性）」のバランスについて早期に議論する必要がある（図 3.1.3.3）．

　例えば, 音楽ホールでは反射や残響が重要テーマである．この問題を突き詰めると天井はより複雑な形状となり, 単位面積当たりの重量は増加する．これと確実な人命保護を両立させるためには, 高い費用を覚悟しなければならない．コストを一定レベルに抑えるのであれば音響に関する性能を幾分我慢しなければならない．「このホールに本当にこれだけの性能が必要か？」という問いかけである．

　商業施設などで, 折上げ天井や間接照明の多用など意匠的に過剰なものにするとコストが足かせとなり, それに応じた天井落下防止は難しくなってくることが多い．軽量柔軟な天井材の選択などにより人命保護の確保を実現した意匠としなくてはならない．

　天井等に要求される性能を上げていくと, コストはある時点で急に上昇する（図 3.1.3.4）．下地材の増強, 準構造の採用などがあるからである．要求性能の極大化を防ぎ, 適切な性能レベルと確実な人命保護の実現が両立した建築企画が必要である．安全性を犠牲に成り立つ"性能"があってはならない．

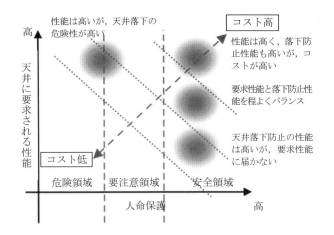

図 3.1.3.3　天井に関する性能のバランス

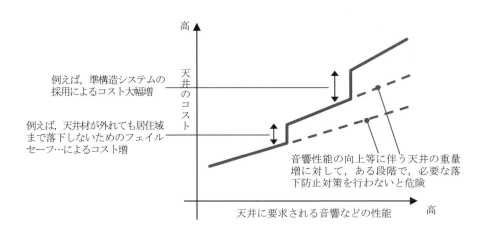

図 3.1.3.4　性能とコスト（天井の落下防止対策がなされていることを前提）

4．ブリーフ（天井に関する建築企画書）のすすめ

(1) ブリーフ（建築企画書）とは[注4]

　発注者と合意形成するうえでブリーフ（建築企画書）の作成が有効である．本来は発注者サイドで作成するが，発注者と設計者が合意するために設計者が作成する場合について考える．

　設計行為は，発注者要望，外的条件，法的条件，コストをインプットとし，設計図書をアウトプットとする行為であるが，コストの不適合や与条件の未達成，さらにそれらに伴う手戻りなどの不具合を最小化するためにブリーフは有効である．

　まず，発注者与条件，外的条件，法的条件，コストをインプットとし，発注者と設計者で作り上げたブリーフ（建築企画書）をアウトプットとする．次にブリーフをインプットとし，設計図書をアウ

トプットとする（図 3.1.3.5）．ひと手間余計にかかるように見えるが，設計条件を深く共有することでコスト適合も含め間違いの少ない設計になり，設計工程も実は短縮できる…急がば回れである．

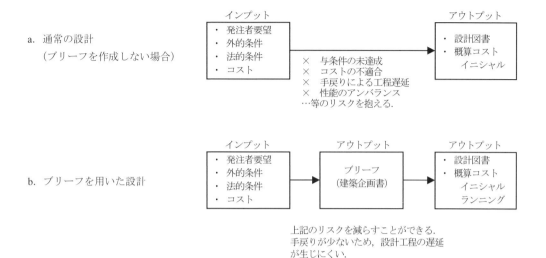

図 3.1.3.5　ブリーフ（建築企画書）の位置付け

こうした一連の行為をブリーフィングという．実務的には略設計や目標コストに対する試算などが含まれることがある．建物全体に関するブリーフと特定の部位やテーマに関して行う分科会的なブリーフがある．外装，主体構造，外構・緑化計画そして天井などのブリーフが考えられる．

注 4　ISO 9699 1994 に定義されている．ブリーフ（建築企画書）は，発注者や使用者の関連する必要事項および目的，プロジェクトの背景および適切な設計上の要求や制約条件，イニシャルコスト，ライフサイクルコストを規定する業務文書である．こうして発注者および関係者の要求，目的，制約条件を明らかにし，分析するプロセスをブリーフィングという．

　　　日本建築学会では，建築設計ブリーフ特別調査委員会が「より良い建築をつくるための提言～建築企画書（ブリーフ）の活用に向けて～」を 2007 年 5 月 24 日に発行している．

(2) 天井等の非構造材に関するブリーフ

　天井等に関するブリーフの考え方を例示する．インプットとアウトプットの項目を図 3.1.3.6 に示す．

　まず，人命保護の確実な実現の重要性について発注者に伝える必要がある．

　発注者が求める性能については表 2.2.1.4 なども参考になる．音楽ホールなどで音響を重視するような場合は音響の専門家の参画による協働も必要である．

　天井高さについては，空間に求められるグレード，室面積と用途，気積（室容積）などから導き

出される．過大な天井高は，照度確保の問題や気積の増大によるランニングコストの増加を加速させる．高い天井は開放感などの快適さに繋がる面は多いが，高所に天井等を設置する場合には人命保護の確保の観点から慎重な設計が必要となることを発注者に伝えるべきである（表 3.1.3.1）．

機能維持に関しては，空間や室に求められる性能，震災等災害時の BCP 拠点としての役割，また一部の公共施設や病院など災害時には平時を超えるサービス提供が求められることなどの想定に基づき，損傷の制御に関して協議し，合意する必要がある．表 2.2.1.2，表 2.2.1.3，表 2.2.1.4 などを参考にされたい．

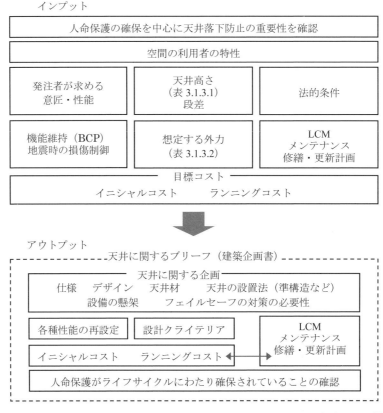

図 3.1.3.6 天井に関するブリーフ（建築企画書）の例

想定する外力については，地震の場合特に上記の損傷制御レベル設定と大きく関係する．地震以外の外力も想定しておく（表 3.1.3.2）．

常時風や振動にさらされるところでは，地震以外の時であっても損傷する可能性が高く，機能維持上，特段の配慮が必要である．経年による劣化や水分の蓄積，下地の腐食なども想定すべき外力である．詳しくは「2.2.2 各種損傷・劣化制御」の部分を参照されたい．

表 3.1.3.1 天井高さに影響を与える要因

グレード感 意匠	・天井の高さはグレード感に寄与する. ・天井が高い場合, 壁面のデザインには相応の工夫が必要.
床面積 (心理面)	・床面積が大きくなると天井は高くなる. ・広い床面積に応じた天井高さにしないと, 圧迫感を覚える. ・視野内に占める天井面・壁面の割合が重要.
室内環境 (生理面)	・天井高さは床面照度や明るさ感に影響. ・天井高さは空調ボリュームにも影響. ・天井が高いと室内温度の上下差がつきやすい.
火災安全	・天井が高いほど蓄煙効果が発揮され, 煙が危険な高さまで降下する時間は長くなる. ・火災時, 高所からの天井落下は危険.
点検	・一定以上の高さでは, 天井点検口による点検やメンテナンスが難しい.

表 3.1.3.2 想定する外力(重力以外)の例

地震		・当該天井面の応答加速度 ・主体構造, 免震・制震装置の有無, 階によって振幅が異なる.
非地震	振動	・鉄道からの振動. ・道路からの振動. ・生産装置や機械からの振動. ・上階のスラブの振動.
	風圧力	・風による繰り返しの力. ・通過列車等による風圧. ・空調による風圧.
	湿気 塩素	・高い湿度による天井材の含水による重量増大と強度低下. ・天井材の重量増やビスの頭抜け. ・塩素などによる下地鉄骨の腐食.
重量のある吊り物		
経年劣化		

4章　関係者の役割

4.1　関係者の役割と認識

> 建築物の天井等の非構造材に携わるすべての関係者は，それぞれの立場で，人命保護と機能維持において果たすべき役割と責任を認識し，脱落，落下等により人命に危険を及ぼすことのない，安全な建物を社会資本として提供する．

1．関係者の役割分担

　天井等の非構造材に携わるすべての「関係者」は，平時はもち論地震などの災害時，材料劣化や様々な外乱に対しても，建物利用者の人命を守る役割と責任を持つ．関係者は，それぞれが役割を果たすことで社会資本を整備・維持し，結果として社会の信頼を得る．天井等の非構造材の安全性については，構造設計者に第一義的な責任はないが，これを構造設計者のみに負わせるという間違った判断がなされることが往々にしてある．本節では非構造材にかかわるすべての関係者の役割について述べる．

　ここでいう「すべての関係者」とは，発注者，設計者，工事請負者（受注者），専門工事業者，材料製作業者，完成後の建物所有者・運用者，保守・メンテナンス業者等の建設事業側はもとより，立法府，官公庁等の行政，確認検査機関，学識経験者等の仕組みを司る側をも包括して示す．さらに意匠，構造，設備その他関係するすべての業種においてその専門性分野に境界を設けることなく，互いに専門分野を超えて協働することが重要であることは言うまでもない．

　従来，企画の開始から完成・運用までの一連の建物建設システムにおいて，「関係者」間での連携や責任分担が明確であったとは言い難い．度重なる脱落被害の経験をもってしても非構造材，特に天井等の脱落防止に関しては，残念ながら専門性を有する立場として，守備範囲を超えて一致団結して立ち向かってきたとは言えない．以下，天井に関する「関係者」の役割分担別とその責務を一覧に整理し解説を掲載するが，役割分担別とその責務については，決して本項の記述に限定するものではないことに注意されたい．

　関係者については上記の他，建物への来館者や非常時の避難者等も被害を受ける側として考慮する必要がある．また災害時の報道や世論形成に影響のあるメディア関係，さらには関係者そのものが所属する諸団体の本質的な役割も考慮する必要があるが，本節では安心で安全な建物を供給・維持する役割という範囲にとどめている．非構造材，特に天井に関係するすべての「関係者」は，過去の被害から目をそらさずに，役割分担とその責任を意識し，脱落・落下等により人命に危険を及ぼすことのない，安全で安心な建物を社会資本として提供しなければならない．

　役割に基づく具体的行動については，基本的な考え方や設計の進め方，その他の重要事項と課題，工法や事例の紹介等，本指針各章の記述と解説を参照されたい．

表 4.1.1 関係者の役割

立法府	国民の生命および財産保護の観点から、社会資本としての建築物の整備・維持に必要な法律を、正しく整備・更新する.
行政機関	法律に基づき、社会資本の整備・維持に関する建築生産システム（建築物の整備・維持に必要な諸制度）を所管する. 特定行政庁および民間確認検査機関は確認申請図書の審査および建物の完成検査を以って社会資本としての建築物の法適合を確認する.
発注者	社会資本としての建築物の建設を企画し、設計・施工・維持管理等の事業に必要な適正コストを負担する. 建設に当たって必要な申請手続きを行い、所定の検査を受け、建物の引き渡しを受ける. また、完成後の維持管理を適正に行い、法令に基づき定期の報告を行う.
設計者	建築士法等の下、発注者との設計業務契約に基づき、関連法規を遵守し建築物の発注・施工に必要な設計図書を作成する. 設計図書や設計意図の伝達を通じて設計品質を確保する. 特に意匠設計者は、天井の設置高さ、材料の仕様・構成について十分に注意を払うとともに、構造、設備他の設計者との連携を図り、整合のとれた設計図書を作成する.
工事請負者（受注者）	発注者との工事請負契約に基づき、関連法規を順守し発注図書に従い建築物を施工・完成させる. 人命保護と機能維持の実現に必要な費用と工程を管理するとともに、工事請負者（受注者）として建築・設備等の関連工事間調整を担い、専門工事業者に確実な施工を実施させ、施工管理を以って天井等の非構造材の安全性に関する最終的な施工品質を担う.
工事監理者	発注者との監理業務契約に基づき、発注図書の通りに現場が施工されていることを第三者として確認し、発注者へ報告する. 専門家としての中立的位置付けを以って、建築物の確実な品質を提供する.
専門工事業者	工事請負者（受注者）との工事発注契約に基づき、天井等の非構造材の下地組および仕上げ材を施工する. 天井および下地類の施工品質について直接的な責任を担う. 現場で施工を行う技能労働者の技術継承についても一定の責務を担う.
部材製作者	決められた製品規格に基づき、所定の性能を持った天井等の非構造材の部材（下地組および仕上げ材）を製作する. 必要な試験を実施して所定の性能を確認し、構成部材に要求される諸性能を担保する. 天井落下等の被害に鑑み、規格外等の安価な製品は安易に製作しない.
関連工事業者	直接天井工事（下地組および仕上げ材）にはかかわらないが、完成までに天井内等で施工に関与する設備専門工事業者等がこれに当たる. 結果として天井全体の安全性に深く関与する.
学識経験者	専門分野に関する知識を持ち、関連する最新技術の研究を推進・継続する. 最新の知見と情報を集約することで専門家の養成を担い、建築学会等では共有の知見として広く公平に公開する.
建物所有者	完成した建物を資産として所有し、社会資本として租税を負担する. 建物完成後は、天井全般全を継続して保全する所有者責任を担う.
建物管理者	建物完成後、建物全般を管理・運営する. 建物所有者と一体となって（または同一で）天井を含む建物全般の継続的な安全性を担う. 一定規模や用途の建物については定期報告を行うことで、建物を安全に維持・管理する.
保守・メンテナンス業者	建物完成後建物運用者との契約に基づき、劣化防止等の点検を実施し、報告する. また、状況に応じて劣化制御に必要な措置を提言する.
内装工事業者	入居者等の依頼に基づき、内装工事を行う. 建物取扱い説明書や貸方基準上の制約条件等を順守し、必要に応じて家具等の転倒対策を行う.
建物使用者	取扱説明書や貸方基準上の使用制限等を順守し、賃貸借契約等に基づき建物を使用する. 建物に異常を発見した場合にはただちに建物所有者・監理者に報告する責務を有する.

2. 各関係者の役割分担

(1) 立法府および行政機関の役割

　立法および行政機関の関係者は，天井等の非構造材の落下被害防止や損傷制御のために必要となる法令等を定め，または改定し，すべての関係者に対して周知を図る．同時に単なる規制の積み重ねがいつしか社会や技術の進歩に取り残され，逆に進歩を阻害するという側面にも配慮し，常に新しい観点を導入することにより規制等の見直しを行う．行政関係者は，現状の関係法令や制度に問題がないかを洗い直したうえで，定められた法令等が適切に遵守されていることを継続的に確認し，合理的な範囲で公表する．

　例えば，災害後の現状復旧に関しては，再発防止のために，より高い損傷制御レベルが採用されるべきであるが，官庁施設の基準や民間施設の税法上の関係から，「原状復旧」される場合が多く，課題となっている〔「5.3」参照〕．また，官庁施設や民間施設においてコスト縮減のためにJIS等の最低限の仕様を準用せず品質の低下を容認しているのが現状である．安全な建物の供給・維持のためには，材料製造業者等による品質の高い製品開発の促進が望まれる〔「3.1.1」参照〕．

　人命保護や損傷制御に関する最新の知見や告示等の新基準をスムーズに社会に伝える仕組みが必要で，そのためには共通仕様書や詳細図等の公的な技術資料の一定水準への改定の他，単に規制強化ではなく災害後復興の多大なコストを減災行政へ向けるなど，「事前復興」の枠組みを目指す必要がある．

　告示等の新基準の立案に際しては，最新の知見に関する情報を十分に収集し，施行に当たっては，事前に十分な説明会を開催する等により全国的なコンセンサスを得る．また，規制する側が専門知識の不足から結果的に規制される側に取り込まれるいわゆる「規制の罠」に陥らないように十分に注意する．

　関係行政庁または確認検査機関は，告示等の新基準の施行に関し，事前に全国的な審査・指導運用マニュアルを作成し，建設行政に混乱のないように指導助言する必要がある．

(2) 発注者の役割

　発注者は，建築物の企画・建設を行い，事業に必要となるコストと適正な工期を負担する．天井等の非構造材の落下被害防止のため，人命保護を優先し必要に応じて機能維持を図る発注条件を設定する．安全に関する明確な設計図書の作成を設計業務として発注し，同時に中立な立場で現場を確認する監理業務を発注する．また，適正な施工および品質管理を行う十分な技術力を持つ工事請負者（受注者）を選択し，これを適正価格で発注する．建物の完成時には使用に先立ち法令に基づき検査等を受ける．

　建築物の建設が事業である限り官民にかかわらずコストには当然の制限があるが，無理なコスト縮減が比較的緊急度の低い天井のコストダウンに繋がり，結果的に脱落事故を引き起こす場合があることを忘れてはならない．コスト配分において，人命にかかわる天井等の非構造材に安易なしわ寄せがあってはならない．この意味において，建物の安全に関する発注者の役割は重要である．

(3) 設計者の役割

　ここでいう「設計者」とは建築士法上の設計者を意味する．一方，設計・監理は，「設計・施工・監理一貫」，「デザイナーによる意匠設計と工事請負者（受注者）による実施設計・施工」，「専業設計事務所による設計・監理」等，様々な体制が存在する．どのような体制であっても，建築士法上の「設計者」は存在し，この「設計者」が人命にかかわる非構造材の落下防止を含め設計業務全体を担うべきであることを改めて共通認識としなければならない〔「5.1」参照〕．

　設計者は，ブリーフィング等のレビューを実施し，発注者が設計条件を設定するために必要な関連情報を十分に提供する．そのうえで発注者の意志を尊重し，設計内容に関する合意形成を行う〔「3.1.3」参照〕．

　室内空間の高さや天井の仕様・形状を設定するにあたり，機能と空間構成等について事前に条件整理を行い，安全評価法等を用いて万が一の脱落被害を事前に想定し，人命保護の確保を優先する〔「3.1.1」参照〕．

　各種の外乱に対しては人命保護を確保したうえで，設計条件に基づき耐震設計等の損傷制御の設計を行う．機能確保は，地震力に対しては構造設計者が算出する構造条件を基に，天井面水平応答加速度等の各部の「設計条件」，および天井・非構造材・設備等の総合耐震クライテリアである「設計目標性能」を設定する〔「2.2　機能維持」参照〕．従前，この部分の総合的な整合について，設計時点で事前に十分に調整されてきたとは言えない．

　具体的な設計図書の作成に当たっては，最新の知見を基に具体的な設計提案を行う．必要に応じて材料製作者の協力を得て技術的検討を行い，天井等の脱落防止および機能維持のための設計を行うとともに，具体的な仕様を設計図書へ盛り込む〔「2.2.4　各種耐震工法による損傷制御」参照〕．

　天井下地の仕様に関しては，安易な材料選定とならないよう設計図書への記載に配慮する〔共通工事標準仕様書14章金属工事14.4.2材料参照〕．

　構造設計者は，発注者，意匠設計者等と十分に調整のうえ，建物の構造力学的性能を設定し，非構造材の設計条件を意匠設計者等へ正確に伝達する．非構造材の設計には構造体の設計条件が不可欠であり，固有周期や層間変形角等の構造体性状や構造体の固さ（剛性）によって非構造材の損傷の程度が異なることに留意し，建物全体のバランスを考慮して非構造材等の損傷制御に活かすよう最新の規準や知見を耐震設計に反映させる．

　設備設計者は，天井内に設置される設備機器，配管等の落下被害防止について，最新の知見に則り措置を施す．地震時に天井面に水平荷重を負担させる設備機器，器具類がある場合は，事前に意匠設計者に必要条件を伝達し水平荷重として見込む．また，天井内の非構造材に対し，変位等を想定した十分なクリアランスを確保するなどする．天井面を拘束することとなる設備類は，自由に挙動できるよう，納まりや支持方法に配慮する．天井と無関係に見える設備類の脱落・落下が，大きな天井被害を誘発している場合も多いことを忘れてはいけない．

(4) 工事請負者（受注者）の役割

工事請負者（受注者）は，発注用設計図書の見積もりに際し，天井等の非構造材の落下被害防止の損傷制御についての配慮を確認する．発注図書にある仕様・性能を確保するに足る技術力を持った専門工事業者・材料業者・設備専門業者等の施工関係者を選定し，施工業者相互の責任区分を明確としたうえで必要に応じて技術指導を行う．専門工事業者や設備専門業者等に施工させるとともに，契約に基づき最終的な施工確認を行うことで天井等の非構造材の落下防止等にかかわる施工品質を確保する．実際の施工段階では，天井仕上げ工事施工前の天井下地確認可能な時期に，設計仕様等の確実な施工を確認する．

天井等の非構造材の落下被害防止等についての配慮に対し，例えばコストダウンを伴う合理化提案については慎重に対処し，発注者・設計者の承認無しに設計仕様を変更しない．また，施工品質の確保のためは十分な施工期間が必要であり，安易な工期短縮によるメリットを強調することなく，必要工期を主張する．

建物完成時点では，天井等の非構造材の落下防止等にかかわる使用上の注意点や必要な保守・メンテナンス等の必要事項を取扱説明書に取りまとめ，発注者へ完成受け渡しを行う．

(5) 監理者の役割

監理者は，天井等の非構造材の落下防止等にかかわる設計内容を十分に把握し，不明な場合は発注者および設計者に確認する．また，関係者相互の責任区分を明確としたうえで，施工手順の確認・施工図の確認・材料の検査・施工の検査等を行い，天井等の落下防止の施工品質を確認させる．施工に先立ち，工事請負者（受注者）等が提出する施工図，施工計画書等を確認し，天井等の落下防止に関する仕様や施工方法が適切に記載されていることを確認する．また，品質確認の結果を発注者及び設計者へ報告する．

天井仕上げ工事施工前の適切な時期に，設備を含めた損傷制御の設計仕様等の確実な施工を確認させ，実施確認出来ない場合は仕上げ工事をさせない．監理者自らは，監理業務の契約範囲内で直接施工状態を把握するとともに，発注者へ報告する．

(6) 専門工事業者の役割

専門工事業者は，元請である工事請負者（受注者）等や施工関係者相互の責任区分を明確とし，製品の材料品質を確認するとともに自ら施工確認を行うことで，施工品質を確保する．設計図書の内容を十分に理解するとともに，施工品質を直接に担うものとして，必要な技術を維持・更新する．

工事に先立ち，設計図書に基づき設計図書の仕様を満足する施工図・製作図等を作成し，安全を確認したうえで計算根拠を提示し，工事請負者（受注者）の承認を受ける．工事に必要な材料を調達し，その品質等を直接確認する．定められた施工方法を確実に実施し，施工品質を確保する．工事遂行に必要な技術指導を実施するとともに，施工技術の継承を担う．

(7) 材料製作業者の役割

材料製作業者は，所定の試験等により天井材の質量や下地材の強度等の品質を確認し，間違いのない製品を製作し市場に供給する．天井鋼製下地材料は，現状では規格外の一般品も多く流通しており，コスト優先による品質の低下を容認している状態にあるが，材料製作業者は天井落下等の被害に鑑み，むしろ自らが保持する技術を以ってより軽量柔軟な材料を開発し，また天井等の非構造材の落下防止にかかわる製品を企画し，機能維持に対してはより安全性の高い製品を積極的に市場へ供給する．

施工段階においては，製品の品質を保証するため，納入時に品質に関する資料を工事請負者（受注者）へ提出するとともに，品質に関する記録を自らも一定期間保管・保存する．

材料製作業者は，設計時点で設計者の求めに応じて，より専門的な立場で天井材料の質量や材料等の技術的検討や強度計算に協力する．

(8) 関連工事業者の役割

関連工事業者は，天井等の非構造材の関係では，天井内にて工事が発生する電気設備工事業者，機械設備業者，プラント工事業者，別途特殊工事業者等がこれに該当し，単独の工事としても当然安全性能を確保する．

建築工事の天井下地材に対して機器等の荷重を負担させる場合は，事前に工事請負者（受注者）と意思疎通を図るとともに，十分な調整を行う．単独で設置する天井内の設備機器等に対しては，常時の垂直荷重に加え地震時の水平荷重に対しても必要な脱落対策を講じる．設備類の脱落・落下が，大きな天井被害となっていることを忘れてはいけない．

(9) 学術経験者の役割

設計者，工事請負者（受注者），専門工事業者，材料製作業者はもとより，司法，官公庁等の行政，学術研究者等，各立場で技術研究に携わるすべての専門家は，落下被害の原因を解明するとともに，現実的な再発防止策を探究し，建築業界へ具体的に提案・提示する責務を負う．

なかでも学術経験者は，天井等の非構造材の落下被害に対して徹底してその原因を追究し，解明しなければならない．また，市場の経済原理に左右されない学術的立場から，従来の方策に縛られない自由な発想の下で，再発防止のために必要なあらゆる技術的提案を行う．特に建築学会は，天井等の非構造材の落下防止にかかわるすべての技術者を代表し，JASS等の既存の指針や解説を更新し，必要な最新情報を積極的に発信する．また，継続して関連技術の蓄積を行うとともに，専門家を養成する役割を担う．

(10) 建物所有者・管理者の役割

建物所有者および竣工後建物を管理する管理者等は，設計監理者および工事請負者（受注者）からの建物取扱い説明書等の内容を十分に理解し，天井等の非構造材を含めた建物のすべてを安全に

運用し，また入居者等に対して安全に使用させる．また，法令に従い定期の検査を実施し，関係行政機関へ報告する．

　地震や台風等の外乱が発生した場合は，天井等建物各部の損傷を確認し，必要に応じて補修を行う等，現存するすべての建物に対して人命保護等の安全性を確保する．また，常に建物の状況を把握して改修時期を見極めるとともに，耐用年数等を考慮し建物の解体廃棄等の必要な判断を下す．建物所有者および竣工後建物を管理する管理者等は，人命保護や機能維持の継続のために，既存建物の情報を必要資料と共に引き継ぐ．

(11) 建物完成後の保守・メンテナンス業者・内装工事業者等の役割

　建物の保守・メンテナンス業者は，建物完成後建物運用者との契約に基づき，定期にまたは随時，必要な点検を実施し報告する．また，部材の取り換えや改修工事等，劣化状況に応じて劣化制御に必要な措置を提言する．

　内装工事業者等の建物と別途となる工事業者は，建物管理者や入居者の依頼に応じて間仕切り工事や家具等の持ち込み物の耐震固定等の安全対策を行う．貸方基準等を順守することは当然とし，非構造材等へ過度の負担がかかる場合には必要に応じて設計者等へ条件を確認する等，十分な安全性能を確保する．

(12) 建物使用者の役割

　入居者等の建物使用者は，荷重制限や使用制限など貸方基準上の使用制限等を遵守し，建物を適正に使用する．特に天井等に想定以上の荷重をかけない等，建物完成後の保守・テナント工事等において十分に配慮する．貸方基準上の使用制限等に不明点がある場合は，建物管理者等に確認する．建物使用上において，建物に何らかの異常を発見した場合には，ただちに建物所有者・管理者に報告する．

3．関係者の役割分担を超えて

　上記に関係者の主たる役割分担を列記した．関係者はそれぞれの役割と責任，期待される職責を意識し，安全で安心できる建物を作り上げなければならない．しかしながら，さらに重要なことは，個々の役割分担を明確とすることで逆に境界をつくることなく，むしろ積極的に連携を図り，関係者相互の役割を理解したうえで良い意味で干渉することである．自らの役割や領域を超えて新たな技術開発が推奨されることは理想の姿でもある．繰り返しとなるが，役割分担別とその責務を本項の記述に限定するものではないことに注意されたい．

　われわれ関係者のすべては，社会資本として建築業界に求められているのは「安全で安心な建物」であるということを忘れてはならない．

5章 その他の重要事項と課題

5.1 意匠設計者の認識の重要性

> 天井等の非構造材の設置高さや形状，材質を決定するのは，多くの場合意匠設計者である．意匠設計者の適切な設計と材料選択により，天井等非構造材の落下事故の危険性は大幅に軽減される．意匠設計者の安全性に対する認識の啓発と向上が重要である．

意匠設計者が設計の際に，設置高さに応じた安全性に配慮することが，天井等非構造材の落下事故の防止策として最も重要である．また，意匠設計者は総合的安全性の設計者であることを忘れてはならない．

1．天井の高さ，形状，材質を決めているのは意匠設計者

天井等非構造材の落下事故は人命にとって脅威であり，施設の機能維持にとっても障害となるが，その天井等非構造材の「ありよう」を決めているのは意匠設計者である．意匠設計者は高所・頭上にある天井の重さを常に感じとりながら設計に取り組む必要がある．

人命保護の観点からは「2.1.1 安全性評価」で示された適切な安全性評価法を用いて，天井高さと天井材の組み合わせを検討する．

2．意匠設計者は総合的安全性の設計者

意匠設計者は本来，意匠でだけではなく総合的な設計を行う立場にある[注1]．当然のことながら建物の総合的安全性に対する設計者でもある．しかし，設計が大規模化・高度化し，分業して対応せざるを得なくなると，その中で意匠設計者がいつのまにか単なる一担当者としての自覚しか持たなくなる．それが設計組織固有の弊害ではなく，いつの間にか社会通念になろうとしている．近年様々な原因で頻発している天井落下事故を奇貨として，意匠設計者が総合的安全性の設計者として設計チーム全体を統括していくという立場であるということを再度見直す必要がある．

注1) 法規にもその点に触れたものがある．建築士法第25条の規定に基づき，設計（工事監理等を含む）の業務報酬の基準の改定が2009年，告示15号で定められた．設計は工事監理等とともに「総合」，「構造」，「設備」に分類されている．中で「「総合」とは，建築物の意匠に関する設計並びに意匠，構造及び設備に関する設計をとりまとめる設計…」と定義されている．

3．天井等非構造材に関する従来の設計慣行の弊害

(1) 考えない設計

意匠設計者は，非構造材の中でも例えば手すりの設計をするときには様々な利用者を想定し，転落事故等が起きないよう配慮する．同様に，高所設置の仕上げ材や設備機器に対しても万が一の事故を想定した安全設計がなされるべきである．しかし，天井には，使える材料・工法が狭い範囲に限定されているとの思い込みがあり，狭い選択肢の中から「天井材を選ぶ」，「工法を選ぶ」というやり方により仕様書・仕上げ表に表現するのみの設計を助長してきた．設計事務所の多くは，天井材料を凡例的に扱えるように作図のマニュアル化を進め，画一化や「考えない」意匠設計者を育ててしまうという側面がある．

また，ダクトや配管，設備機器との整合性について十分な検討をせず，施工者任せという状況に陥りやすい．設備機器等の詳細レイアウトと意匠設計図書作成のタイミングの不整合も「考えない設計」を助長する要因のひとつである．

安全確保の点から慎重に設計されるべき天井の設計が，半ばルーチン化した安易ともいえる方法で行われてきたことは大いに反省すべき点である．天井に関する設計図書のあり方，作成方法などは今後の課題である．

設計者として，既存の天井工法に依存しない自由な発想を持ち続けることも大切である．図 5.1.1

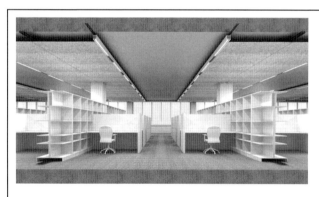

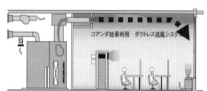

注 2) 平滑なフラットスラブに，気流が貼り付いて遠方まで運ばれることで，搬送用のダクトを不要にする．これを「コアンダ効果」という．

居住域の半分をスラブ表しし，残りの半分を吸音性のあるボード貼りとしている．同じ研究グループ内では音が上のスラブで適度に反射することでコミュニケーションを促し，他の研究グループ間では互いにプライバシー保持のため吸音ボードで吸音，隣のグループからの音を伝わりにくくしている．

上部にある照明（アンビエント照明）を最小限にし，建築的にしつらえた書棚等の家具から上方に向けて照らすことで（タスク照明），頭上が面として明るく室内の明るさ感に寄与している．

空調に関してはダクトを用いない方式．気流などの流体には平滑な面に付着する特性"コアンダ効果"があり，フラットスラブに空調空気を付着させて搬送する方式としている[注2]．

排煙については，避難安全に支障がないことを性能設計により確かめ，排煙設備を設けていない．天井内の設備類の一掃に寄与している[注3]．

低階高でありながら室内高さの確保，送風動力の削減，低コスト化を図っている．

注 3) 階避難安全検証法を用いて各居室から階段にいたるまでの間，避難上支障ある高さまで煙が降下しないことを確かめ，排煙設備を設けていない．

図 5.1.1 頭上設置物を最少化した直天井の設計例

に，天井から重量物を極力排除し最少化する工夫を施した直天井の設計事例を紹介する．天井には音に関して吸音や反射，照明器具の保持，空調機器やダクトの隠蔽，排煙設備の保持などの機能があるが，それらを一から見直し，技術的・工学的取組みを経て成就した設計として評価できる．

(2) 天井裏へのしわ寄せ

多層建築の場合，「低階高で高天井」実現を目指すことが多く，天井裏は様々なしわ寄せを受けやすい．小さくなった天井裏では下記の納まりで苦労することとなる．

- 梁せいやスラブ厚さ
- 設備機器やダクト類
- 天井の懸垂や水平振れ止め

不十分な検討で「低階高で高天井」を目指す場合，天井内の立体パズルを解くようなことになり，天井が健全な形で実現しにくくなる．立体パズルが施工者任せになることも多い．このことは発注，設計，監理，施工，運用，使用にかかわるすべての関係者の課題である．

なお，天井裏の計画・設計は3次元CAD等を活用することによって，適切な設備機器やダクト・配管の配置や天井の懸垂や水平振れ止めと上記の設備類との取り合いなどの検討を確実に行うことが可能になる．また，施工者への確実な伝達に寄与することができる．

(3) 法令順守を十分条件とする設計

発注者が特に要求する性能，また法令等に規定される性能，耐火性，昇降機の安全性については設計者の意識にのぼりやすい．一方，下記の分野に関して設計者がこれまで十分注意を払ってきたとは言い難い．

- 発注者の関心があまり働かない分野
- 法令等に規定のない分野

特に設計者は発注者の要求や法令上の規定の有無にかかわらず，建物のトータルパフォーマンスとしての安全性に気を配らなければならない．

発注者や法令等の要求する事項以外の安全性について，その注意を喚起する興味深い試みとして国土技術政策総合研究所がホームページ上で公開している「建物事故予防ナレッジベース」[注4]がある．日常生活において建物内やその周辺で起こる転倒，転落，落下，落下物による危害など実際に起きた事故事例や対策を集めたものである．天井の落下による被害については多数事例が報告されている（いずれも非地震時の落下の事例である）．

注4）建物事故予防ナレッジベース

http://www.tatemonojikoyobo.nilim.go.jp/kjkb/

4．テナントの内装設計など

　オフィスビルや商業ビルなどでは，内装をテナントが主体的に設計する場合も多い．天井面には排煙設備やスプリンクラー，非常用照明，誘導灯など必要な設備も多く，テナントにより必要な設備などが加わってくるケースもある．そこには，「内装は什器と同じくテナントの自由になる範囲」と考える誤解もある．また，ホテル，商業ビル，複合施設の共用部分では，建物本体の設計者と異なるインテリア設計者が天井を含めた内装の設計を行う場合もある．

　以上のように建物本体の設計者とは別の設計者に引き継ぐもしくは連携して内装の設計を行う場合，意匠設計者には，意匠，構造，設備の設計の総合（コーディネート）に加え，別の立場のインテリア設計者やテナントの設備設計者・施工者に対しても安全上の一貫性を伝える立場でなければならない．人命保護の大切さや天井落下事故防止のための必要な事項を伝え，責任分界点を明示し，各関係者が自らの責任と良心において取り組んでいくことを促していく必要がある．発注者，関係者の啓発も意匠設計者および監理者の役目である．また，竣工後時間が経ってからの改修工事においても，必要な情報が伝わるようにしておく必要がある．

5．まとめ

　意匠設計者は建物のトータルパフォーマンスとしての安全性能の設計者であり，自らの配慮により天井等非構造材の落下による危険性が大幅に軽減できることを自覚しなくてはならない．建物利用者の転落事故に配慮するのと同様な目線で天井等非構造材の落下が利用者に与える危害についても配慮した設計を行う必要がある．

　意匠設計者には天井の軽量化，柔軟化，直天井化など天井落下被害防止を念頭に置いた新しいデザインにも取り組み，またそれを社会にメッセージとして出していく使命がある．軽量柔軟な天井材の開発などを材料メーカーに働きかけ，自ら開発に関与していくような積極性も求められる．他分野の専門家と連携していくことが従来に増して必要になってきた．また，発注者の理解を得る努力も続けていかなければならない．天井等非構造材の本来の目的は，安全性能を第一として，より快適で機能的な空間の実現であることを忘れてはならない．

5.2 確認が難しい損傷とその蓄積

> 天井材等非構造材の損傷や劣化状況は目視点検等で完全に把握することは難しい．これらの点検で「損傷なし」と判断された場合でも損傷や劣化が蓄積している可能性がある．

1．災害発生後の被害の確認状況

設計者および施工者側では震災等の災害の際には初動期に対策本部を設置し，第1段階（情報収集と共有化）として発注者側への建物の被害状況確認を行い，データを共有化する．被害状況確認の多くの場合は目視ではあるが，おおむね建物管理の部署が行っており，照会時に比較的詳細な情報が入手可能である．その後，第2段階（被害への対応）として現地確認の訪問の可否，被害調査の案内を行う．この際，何らかの被害があった場合は，建物管理者側と復旧あるいは改修に向けての動きが可能であるが，一度，「被害なし」と報告があった建物はその後，管理者側とのやりとりが絶える場合が多い．以下に紹介する事例はその「被害なし」の建物のひとつである．

2．潜在化した被災事例～本当は問題がある「被害なし」

ここで紹介している写真は「建物被害なし」と報告のあった事例で，震災後に改めて耐震診断を依頼され点検のため調査に入った事例である（図5.2.1～5.2.5）．この地域の震度は5強であったが，室内側は，「被害なし」の状況である〔図5.2.1参照〕．

天井は在来型天井工法で天井面に段差もあるが，天井材のクラックや一部落下もなく健全な状況

図 5.2.1　室内側の見上げ（「被害なし」の状況）

図 5.2.2　天井内の状況①
下地と設備機器の干渉

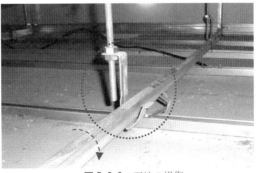

図 5.2.3　下地の損傷
開いた吊り金物や倒れた野縁受け

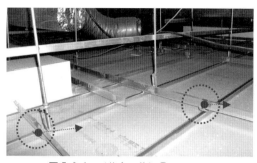
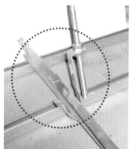
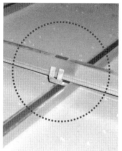

図 5.2.4　天井内の状況②　　　　　　　図 5.2.5　開いた吊り金物

であった．ところが，点検口から中を確認すると，下地が損傷を受け，何とか脱落せずに維持している状況であった．震災の振動によるものと考えられ，再度，大きな地震に見舞われれば落下の危険性が高いことが容易に予想される．また，天井内の設備機器と天井下地の吊りボルトの近接というクリアランス上の問題等，配置上の課題も確認できた〔図 5.2.2～5 参照〕．

　これらは，もし，室内側にある程度の被害が生じていれば，詳細な被害調査が入り，指摘を受け，かつ改修される項目ばかりである．「被害なし」という判断で見過ごされている場合，今後の地震時だけでなく，震災と関連付けが難しい平時の段階で落下事故が生じる可能性も示唆される．このような震災後の状況が生じる背景には以下のような理由があると考えられる；

- 室内側への落下や損傷被害がないため，確認可能な範囲の目視のみの一時的な調査で終了していて，使用を再開している．また，復旧時間の短縮化，省コストから詳細な建物診断がされていないか，後回しとなっている．
- 建設地が遠方で交通事情の関係から設計者，施工者等の適時の確認が難しい．
- 竣工完成から相当の年月が経過し，設計者，施工者等が介在する機会が少ない．

　一度，「被害なし」との報告を受けた建物にあえて詳細な調査や診断を促すのは難しいため，何らかの判断基準が必要である．

3．「被害なし」に対する建物関係者への啓発

　本指針では，地震時だけでなく非地震時の対処についても想定をしている．それぞれの復旧・改修時の対応について評価方法と発注者との合意形成および工法の選択手順についてそれぞれ言及しているが，この「被害なし」の状況で潜在化してしまっているリスクに対してどの様に発注者や建物管理者側にアプローチするかは重要な課題である．将来の地震時や非地震時での災害回避について，「3.1.1　3．改修の進め方」にその状況の説明と改修方法の提示がされているので参照されたい．

　震災直後の初動期では，被害状況確認を目視により判断する．その際に有効な天井点検口は，多くの場合，意匠面重視あるいは設備保守のみで配置され，被害状況判断という視点では考慮されていない．この点のみならず設計時から施工段階まで，意匠設計者および設備設計者，施工者双方が調整すべき多くの課題があり，2011 年の東日本大震災被害から得られた知見を適切にフィードバックする必要がある．この課題についても本指針の「3 章　設計の進め方」，「4 章　関係者の役割」等が有効である．

5.3 改修を阻む様々な要因

> 災害後の天井等の非構造材の復旧では，安易に「原状復旧」を行わず，確実な人命保護と必要な機能維持計画等の見直しを行い，必要に応じてそれらを向上させる「改修」を行うことが重要である．

1．震災復旧状況の実態～ほとんどが原状復旧

2011年の東日本大震災における天井被害データベースにおける復旧方法の分析の結果では，震災被害からの復旧方法の内，ほぼ半数が「原状復旧」で，同様にほぼ半数が何らかの「耐震性を考慮した復旧」となっている〔付録参照〕．

しかし，この「耐震性を考慮した復旧」の内容をみるとほとんどの事例は，いわゆる国交省の「技術的助言（H13年～17年）」[3]～[5]を基とした復旧であるにもかかわらず，その補強方法の採用に偏差が生じている．すなわち，技術的助言の「ブレース，クリアランスを共に確保」に順守して復旧されている事例だけでなく，天井内の状況により，技術的助言通りに施工ができない部分が混在する事例や根拠があいまいなまま採用可能な補強方法のみ（ブレースのみ，クリアランス確保のみ等）で施工している事例も存在している．

このように仮に技術的助言を正としても，実際に「耐震性を考慮した復旧」として施工されている状況が前述程度の内容では，原状復旧とさほど違いが生じない．したがって，復旧の実態としては，ほぼ9割近くが原状復旧と同等という状況であると考えられる．

2．民間施設の「原状復旧」の課題

原状復旧の際には，民間施設の場合と公共施設の場合で事情が異なるのでここでは，それぞれの課題について述べる．

(1) 原状復旧と震災被害の繰り返しの関係

民間施設の場合，BCPの観点からも短時間復旧が優先されてきた．復旧の際にその判断として引合いに出されるのが，前述の「技術的助言（H13年～17年）」である．前項と同様にアンケート調査データから被害のあった建物の竣工年と「技術的助言」の関係をみると「技術的助言」の発出後にも相当数の被害が生じている．この際に判断基準である「技術的助言」の補強方法どおりにすら施工されていないことについて既に触れたが，このことからも民間施設の「原状復旧」の際には正しく参照できる「基準」がないために被害が繰り返されるという実態が生じていると判断できる．

(2) 法制度および税制度上の課題；原状復旧を容認する制度

「原状復旧」にはこれを肯定し，促すための法的制度の存在という以下に挙げる課題（建築基準法上，税法上および保険等に関連する）がある．これら何れも復旧の際に，申請上の日程スケジュール，費用コストに直結する課題であり，結果として発注者が「改修」よりも「原状復旧」を選択することを促していると考えられる．

【課題①；原状復旧は確認申請が不要】

　原状復旧の場合は，主要構造の変更に当たらないため，新たな確認申請等は不要である．被害のあった建物の多くは，いわゆる既存不適格の状況のため，復旧時に既存遡及が生じる様な復旧方法（（主要構造の変更を伴う工法）＝改修工事）はもともと採用されない傾向がある．また，震災復旧の場合，破損した建築物の応急の修繕については，<u>災害により破損した被災部分の修繕の範囲であれば工事着手時期にかかわらず</u>，建築基準法の規定が適用されない通達がある．

【課題②；原状復旧は税法上優遇される】

　原状復旧は，法人税上で「修繕費」（経費，損金）として計上できる．その際に被災の再発防止のための耐震補強工事についても同様に「修繕費」として扱うことができる．しかし，これはあくまでも<u>被災部分のみが対象</u>である．これ以外の非被災部分を同様に耐震性能を向上させる補強工事を行った場合は，＋αの機能が付加されたことにより，「資本的支出」（固定資産増）となり，「修繕費」（経費，損金）として計上できない．

【課題③；原状復旧は地震保険の適用の前提条件】

　地震保険は契約の前提である「原状」に対して被災度合の評価であるので，原状復旧以上の選択はない．当然のことながら，これも被災部分が対象である．

3．公共施設の「原状復旧」の課題

(1)「官庁施設の総合耐震計画基準及び同解説（H8年度版）」[2]という基準

　公共施設の場合もほとんどが原状復旧であり，それに至る理由としては，公共施設設計の計画基準である「官庁施設の総合耐震計画基準」の仕様が前提という点によるところが大きい．つまり，「原状復旧」とは「官庁施設の総合耐震計画基準」によって決められた当初の仕様に戻すことである．明確な基準のない民間施設と比べて，公共施設における「原状復旧」の内容は，同等ではなく比較が難しいが，総合耐震計画基準自体の詳細内容記述はH8年度版以降出ていないため（改定が加わり，更新されているが）例えば，2011年の東日本大震災で得られた知見である長周期地震動への対応や免震構造や制震構造における非構造部材，建築設備への対応を明確に盛込むことが課題である．仕様規定を守ってさえいれば，原状が追認される形の許認可的な行政システムは，個別に安全性を検証できるシステムに変革していく必要がある．

(2) 法制度上の課題

　民間施設とは異なり，従前以上の復旧が可能な「改良復旧事業制度」が用意されているなど，前述の税法上の問題は，生じないと考えられるが「原状復旧ありきの前提」の考え方や建築基準法適合の問題は民間施設と同様である．

4. まとめ：原状復旧からの脱却～「復旧から改修」へ

「原状復旧」の根底にあるのは，災害後の建物の内，被災した部分と被災していない部分に分け，被災した部分のみを速やかに復旧するという考え方であり，法制度や財政支援の制度もそれに便宜を図ることを意図して整備されている．その結果，被災した部分以外は改善されず，震災等を繰り返し経験しても同様な事故の再発を繰り返すことになっている．

一方，被災した部分の機能や性能を「原状復旧」以上に向上し改善することが「改修」である．2011年の東日本大震災では，少数であるが，BCPを考慮し，独自の基準を改めたり，「準構造」の採用など安全性を高め，天井落下を根本的に防止するための方法の採用をする「改修」事例も増加してきてはいる（図5.3.1）.

(a) 被災したエントランスホール　　(b) 膜天井への改修で被災3か月後に再オープンした

図5.3.1　2011年東日本大震災で被災した日本科学未来館の膜天井での改修事例

再度，被災の有無の区別ではなく，初期の計画段階に戻り，人命保護を原則として，機能維持の評価から耐震性能等の損傷制御の見直しを行い，性能を向上させる方向へと向かうことすなわち，「復旧から改修」への移行が必要であり，そのための法および税制度等の整備が望まれる．このような方針に向けていかに関係者を促していくかが，課題のひとつである．

参考文献

1) 日本建築学会：非構造材の安全性評価及び落下事故防止に関する特別調査委員会，東日本大震災における天井被害データベース，平成24年2月22日
2) 建設大臣官房官庁営繕部監修，社団法人公共建築協会編集：官庁施設の総合耐震計画基準及び同解説，平成8年度
3) 国土交通省：「芸予地震被害調査報告の送付について（技術的助言）」国住指357号，平成13年6月1日
4) 国土交通省：「大規模空間を持つ建築物の天井の崩落対策について（技術的助言）」国住指2402号，平成15

年 10 月 15 日
5) 国土交通省：「地震時における天井の崩落対策の徹底について（技術的助言）国住指1427号，平成17年8月26日
6) 国土交通省：「災害により破損した建築物の応急の修繕に係る建築基準法の取扱いについて」国住指第27号，平成23年4月5日
7) 国税庁HP：税について調べる/法令解釈通達/基本通達・法人税法/第8節基本的支出と修繕費
   http://www.nta.go.jp/shiraberu/zeiho-kaishaku/tsutatsu/kihon/hojin/07/07_08.htm
8) 国税庁 HP：東日本大震災関連の国税庁からのお知らせ/災害に関する法人税，消費税…の取り扱い
   http://www.nta.go.jp/sonota/sonota/osirase/data/h23/jishin/
9) 2012 年度日本建築学会大会（東海）研究協議会「非構造材の安全性評価及び落下事項防止に関する特別委員会報告アンケート調査」平成24年9月

5.4 設備機器の課題

> 室内上部に設置される設備機器の脱落防止は，経済性，施工性，機能性に重点が置かれがちであるが，人命保護が第一であり，これを確実に実現するという観点から考えていく必要がある．

設備計画は建築設計者が計画段階からしっかり考えていくことが不可欠である．また，設備関係者は既往の設備関係の技術指針にとらわれることなく，適切な安全性評価の観点から人命保護を最優先に考慮した設計，施工を行っていく必要がある．

1．建築と設備の不整合

意匠設計者が計画当初から設備のメインダクトやメイン配管ルートに配慮した建築計画を立案することが必要であり，そうすることで将来的なメンテナンスも容易にする計画ができ，人命保護の確保にも繋がるのである．

2．設備機器の耐震設計・施工の課題

設備機器の耐震設計については，一般に既往の技術指針[注1)]に則って設計，施工されている．しかしながら，この技術指針の適用範囲には対象外とされているものがあり，人体耐性上の観点が不足している．実際に2011年東日本大震災でも天井内設備の落下により死傷事故が発生している．

(1) 重量 1 kN 以下の設備機器

現在多用されている天井吊りのカセット型空調機，天井内全熱交換機などが 1 kN 以下であり，これらの機器は指針の対象外となっている．さらに，機器メーカーの指定する工法には耐震対策が示されておらず，吊りボルトで吊られているだけの場合が多い．

注1) 上記技術指針は 2014 年 9 月末に改訂版が出版されたが，1 kN 以下の機器についても耐震化が推奨されてはいるものの，標準仕様とはなっていないのが現状である．

(2) 配管類

設備を支持する吊りボルトについては，激しい振幅を与えると容易に破断することが知られている．指針の適用範囲外である 50A の配管は直径 60.5mm で肉厚により 53～73N/m の重量がある．この配管の支持ピッチは同指針によれば 3m 以下となり，万一吊りボルトが破断すると 3m の長さで 160～220N の配管が落下してくることとなり，致命傷を与える危険性があることは明白である．

注) 上記配管類も旧指針では 50A の配管が 2014 年 9 月に 40A 以下は適用除外に改訂されただけで，更に人命保護の視点を取り込む必要がある．

(3) 管軸方向の耐震方法

同指針には電気配線以外の配管については，管軸方向の耐震支持方法が示されていない．設備配管は熱伸びによる固定の難しさもあるが，これらの設備は平面的にも断面的にも直線的に納まるものは少なく，複雑に曲りくねり，全体的な耐震性確保が難しい．さらに，壁との取り合い，特に防火区画壁を貫通する場合にはクリアランスを設けることもできず，地震時に設備類の揺れで壁の損傷，倒壊，さらに天井の崩壊に繋がる危険性がある．

また，配管やダクトは地震時の変位量の検討が難しく，支持された設備と天井下地との衝突を避けるためのクリアランス寸法は，勘に頼らざるを得ないのが現状である．

3．設備設計者に対するバックアップ

前述のような未解決の問題を残しながら，構造設計を専門としない設備設計者だけで技術指針や同Q&Aを頼りに設備の耐震設計をしているのが現状である．今後は設備の耐震安全性を設備設計者だけに押し付けることなく，建築設計者，構造設計者がバックアップすると同時に，学識経験者等による技術指針の改定が望まれる．

4．発注が分離される設備

設備工事の発注においては，工場のプラント設備，飲食を含む商業施設などのテナントの設備工事は分離発注されるケースが少なくない．構造設計者は構造的な与条件だけをもらって構造設計するか，テナント設計者などに荷重条件だけを与えてテナント工事の設計を任せるかである．脱落防止，損傷防止に関する基本的な考え方を伝えることはほとんどされていない．

また，共通吊り部材とも呼ばれる設備専用のぶどう棚があるが，可能な積載荷重の表記がない場合が多く，特に設備の改修時に想定荷重を超える機器や配管類が設置される場合がある．このため，地震時にぶどう棚を固定するアンカーボルトが抜けたり，全ねじボルトが破断したりする事故が起きている．このような部材の取付けは構造設計者の目の届かないところで工事が進んでしまう場合もあり，安易にあと施工アンカーが使われることも多く，危険性が非常に高い．施工にあたっては構造設計者がしっかり関与するとともに，設備の共通吊部材に積載可能荷重を表示し，配管類は単位重量を表示して，竣工後の工事に対して安全性を容易に確認できるようにする配慮が必要である．

設計者は発注者または所有者に対し，分離発注される設備を含めて総合的な人命確保のための基本的な考え方をきちんと伝達し，竣工時には最終的な安全性の確認を行うことが重要である．また，建物所有者が建物の使用期間中，継続的に人命保護を維持していくことができるように，設計者が設計意図をきちんと伝達することがさらに重要である．

5．有効効率と施工性の優先

効率優先でPS，DSが平面的に片隅の最小限スペースに押し込められた場合，そこから室内に取り出される配管，ダクトは立体パズルを解くような難しい納まりとなり，地震時の損傷制御が非常に難しくなっている状況がよく見受けられる．人命保護を前提とした設備計画は建築計画から考えていくことが不可欠である．

また，施工面からみると，図5.4.1の写真にあるフレキシブルダクトは適切な長さであるが，設備の施工者によっては長さの検討をせずに，あり余る長さのフレキシブルダクトを現場に持ち込み，そのまま施工して余ったダクトを天井材の上にとぐろを巻いた状態で放置しているような場合もある．スプリンクラー配管とスプリンクラーヘッドをつなぐフレキシブル継手も同様で，配管が天井

吊りボルトなどに接触したり，ヘッドの固定強度が弱く，折角のフレキシブル継手の自在性が損なわれていることもある．設計段階だけでなく，設計意図を理解した厳格な施工管理，工事監理が求められているのである．

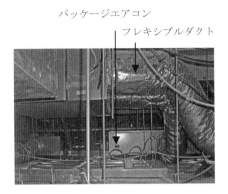

図 5.4.1　天井吊りカセット型空調機とフレキシブルダクト

6. 建築計画からみた安全性の高い設備計画

天井内設備もまた「軽く，柔らかく」を原則とし，軽量化を図るとともに，重量のあるものはできるだけ床面，または床下に設置するようにし，天井内には必要最小限の設備を配置することが最も安全である．そのためには建築の計画段階から天井裏の設備に配慮した建築計画をする必要がある．以下に建築計画の段階から設備に配慮した事例を示すので参考にしていただきたい．

(1) 設備の軽量化の事例

鋼製ダクトの軽量化は非常に有効であり，段ボールダクト，布製ダクト等を使用する手法である．段ボールダクトは鋼製ダクトの5分の1の重量であり，布製ダクトはさらに軽くなると同時に，布繊維の隙間から空調空気を吹き出すことで制気口を必要としない方式のものもある．

図 5.4.2　高性能段ボール製超軽量ダクト[3]

図 5.4.3　布製ダクト[4]

図 5.4.4 布製ダクト
(中央 2 本の筒状のものが布製ダクト)

(2) フリーアクセス空調

フリーアクセス空調システムとすることで天井内をリターンチャンバーとしてダクトをなくすことができる．また，下から空調空気を吹き出すので人の居住域のみを空調することができ，空間全体を空調する必要がなくなることで省エネにも貢献する手法である．

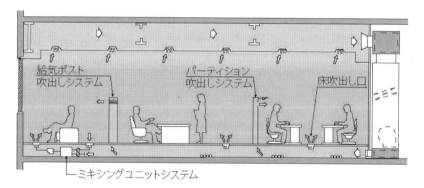

図 5.4.5　フリーアクセス空調[5]

(3) ISS (Interstitial Space)

図 5.4.6 に示すように設備を集約して床のある専用のスペースを作り，設備，配管類を居住域と完全に分離する手法である．病院，研究施設など，設備の非常に多い施設で採用されている手法であるが，メイン配管ルートである廊下部分のみを ISS とする等，局部的な採用が考えられる．

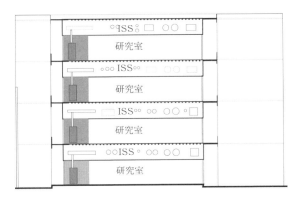
図 5.4.6 ISS の断面イメージ

図 5.4.7 ISS 内部の写真

参 考 文 献

1) 日本建築センター：建築設備耐震設計・施工指針，2005 年版，および 2014 年版
2) 震災復興支援協議会「設備被害検討会」：東日本大震災による設備被害と耐震対策
3) 段ボールダクト：大成建設㈱，㈱栗本鐵工所，レンゴー㈱
4) 布製ダクト：ソーラーウォール
5) フリーアクセス空調概念図：大林組

5.5 天井落下防止と火災安全性の両立

> 高所設置の天井材等の非構造材に対する火災安全性が確認された場合，不燃要求を緩和する道が開かれれば，より安全性の高い軽量柔軟な天井材等の選択肢を増やすことができる．

　石こうボードに代表される，硬く質量の大きな天井材が広く使用されている理由のひとつとして，これらの材料が最も安価な不燃材である，という背景がある．しかし，天井材は設置高さが高いほど落下時の人命に与える危険性は高くなる〔「2.1.1」参照〕．一方で，天井高が高ければ，火災発生直後から避難を完了するまでの間，天井が高温にさらされる危険性は下がる．天井材等の内装材に不燃性等を要求しなくてもよい条件を明らかにすることで，使用可能な軽量柔軟な天井材の選択肢を広げることができる．以下では，「天井落下からの人命保護」と不燃の要求が目的とする「火災初期の避難安全性」の両立が可能であるかどうかについて述べる．

1．内装制限とは

　内装制限は，一定の条件下にある（特殊建築物，大規模建築物，避難経路，無窓居室，火気使用室など）建築物の居室や廊下などは，準不燃材料や不燃材料などで仕上げることを法規[1]で要求するものである．火災発生後の比較的早い段階で，避難上支障があるような有毒なガスや煙の発生を抑える目的がある．これにより，盛期火災になる前の段階で煙や有毒ガスの吸引による死傷者は大幅に減った．

　準不燃材料や不燃材料が規格品として安価に多く流通することとなった一方，内装制限が適用される室内では，結果的に選択できる天井材はかなり限定されることにもなっている．

　また，安価な準不燃材料や不燃材料は，その質量が大きくなりがちであり，天井の軽量化・柔軟化への志向と相容れない傾向がある．

2．内装制限が必要な場合でも適用されない法規上の条件

　なお，建築基準法では内装制限の対象であっても，以下の場合はその規定が適用されない．

　　（ア）　スプリンクラー設備，水噴霧消火設備，泡消火設備などで自動式のものおよび排煙設備を設けた建築物の部分（用途による）
　　（イ）　階避難安全性能（または全館避難安全性能）が確かめられた階の各室

　このような場合は天井材の選択が広がり，天井の軽量化・柔軟化等を図りながらより自由なデザインへの挑戦が可能となる．

　（イ）では，階避難安全性能が火災成長率を低く抑えることによって成立する場合，内装に不燃性が必要とされるケースがあるので注意が必要である（内装材が不燃→準不燃→難燃→木材となるに従い，火災荷重は大きくなるため）．図5.5.1に，内装仕上げ材の差が階避難安全性能に与える影響を展示空間の事例によって示す．ルートBと通常呼ばれる階避難安全検証法により計算した．

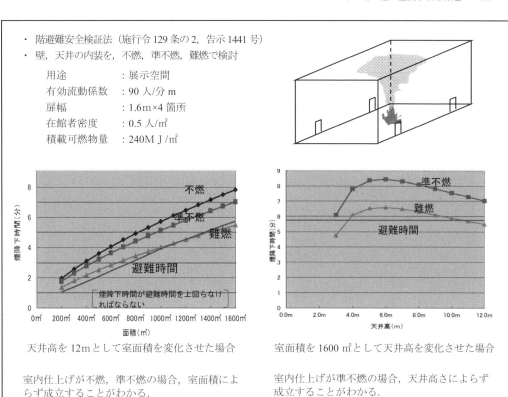

図 5.5.1 階避難安全検証法を使って内装制限を適用しないことに関する検討

　階避難安全性能は階全体に対して適用するものであり，ある特定の居室に対して適用することはできない仕組みとなっている．そのため，この手法を断念せざるを得ないケースも多い．既存の改修においては，この制度が規定された 2000 年より以前に建築確認されたものについては，現行法下で建築確認を再度行う場合を除いて，適用することは原則できない．

3．高所設置の天井の場合の内装制限について

(1) 不燃材料が頭部に落下した場合の最大衝撃荷重

　同じ天井材が低い位置にあるか高い位置にあるかによって，落下したときへの人体へのインパクトは異なることは「2.1.1　安全性評価」の解説で詳しく述べられている．実験結果から，例えば化粧石こうボードの 9.5 ミリ厚は，頭上から 4 メートル以上の高さからの落下で，頭部への最大衝撃荷重は頭部に重大なダメージを与える可能性のある 2000N を超えることが報告されている〔図 2.1.6 最大衝撃荷重による評価 (5) 最大衝撃荷重の観測結果（シリーズ 5）を参照〕．

　事務室や会議室など天井高が 3 メートル程度であれば人命への影響は小さいが，大会議室や体育

館など高い天井の場合は，石こうボードの落下は人命への影響が懸念される．

また，石こうボード等は高温にさらされることで強度が著しく低下するため，火災時の救命活動の支障になる場合があることも知られている．質量の大きな天井の落下は，逃げ遅れた人や救命活動にとって脅威となる．

(2) 避難安全性と天井落下からの人命保護の両立

現行の内装制限は原則，対象となる室の天井高さとは無関係に設定されている．上記のように，総合的な安全性の確保を考える場合，内装制限が目的とする避難安全性と天井落下からの人命保護というまったく異なる事象間のトレードオフを考慮する必要がある．

図5.5.2に，体育館や大会議室など大空間でかつ可燃物量が比較的少なく天井がある程度高い場合に火災時の天井付近の温度がどの程度になるかをシミュレーションによって予測した例を示す．室面積を1600m^{2}として，3000kWの発熱速度を持つ火災[注2]を前提として，天井高を変化させて天井付近の温度を非定常2層ゾーンモデル[注3]とCFD[注4]によって計算している．

非定常二層ゾーンモデルによる解析では，天井高さが7.5メートル以上になると天井付近の温度は200℃を下回るようになる．CFDによる解析では，少し温度が高めに推定され，天井高さが9メートル以上になると天井付近の温度は200℃を下回るようになる．

この計算の範囲では，体育館や大会議室など可燃物が比較的少ない空間の場合，天井高さが9メートル以上であれば火災時の初期段階で天井付近の温度は200℃まで上昇することはないことがわかる．木材の引火点が250～260℃であることを考えると，天井材に不燃材料や準不燃材料を用いなくても，少なくとも避難する間は天井に引火することは考えにくい．

天井が高くなればなるほど天井落下による危険性は高まるが，高天井では以下のようなことが考えられることから，上記のように高さ方向に変化する安全性を検討することにより，室用途によっては，天井等の内装材に不燃材料や準不燃材料を要求しないことが可能になると考えられる．

・火災時の天井への引火の危険性は低くなる．
・火災時に煙の降下する時間が長くなり，煙が避難行動に支障を及ぼしにくい．

不燃性の要求に高さ方向の緩和を導入することで，設置可能な軽量柔軟な天井材の選択肢を広げ，総合的により安全な内部空間の実現へとつながると考えられる．なお，高温になることによって天井材の一部が溶けて発生する落滴や，消防法の中で規定される防炎性能など，建築基準法と異なる観点からの慎重な検討も必要である．

天井材の選択の幅が広がることによって，新しい軽量な天井材に関する新しく先進的な試みや軽くて柔らかい天井材が多数開発され，より安全で快適な室内空間が実現されることに期待したい．

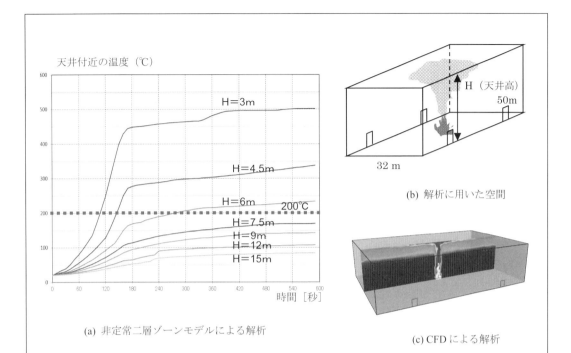

(a) 非定常二層ゾーンモデルによる解析
(b) 解析に用いた空間
(c) CFD による解析

(d) 天井付近の温度の予測

天井高さ（m）	天井付近の温度の予測（℃）		
	CFD	非定常二層ゾーンモデル	（参考）Alpertの実験式 [注5]
3.0	608	500	583
4.5	446	340	307
6.0	286	230	197
7.5	247	170	142
9.0	194	140	110
12.0	159	110	76
15.0	125	80	59

図 5.5.2　大空間，高天井での火災時の天井付近温度の予測

注 1) 階避難安全検証法（ルート B）を用いた計算では，天井が一定以上に高くなると，かえって煙降下時間は短くなる傾向がある．

注 2) ソファーが 2 つ同時に燃える火災にほぼ等しい．

注 3) 火災発生時に，室内の高温である上層部と，低温である下層部の二層に分ける火災モデル．
上層部と下層部はそれぞれ物理的・化学的性質に関して一様で明確に分離されていると仮定し，各層の温度や煙濃度などの非定常的変化を予測する手法．

注 4) Computational Fluid Dynamics の略．計算流体力学．空間内を格子状のセル等に分割し，各セル間の熱移動や煙，放射などを逐次計算することで，火災の成長に伴う現象を予測することができる．

注 5) Alpert が様々な火源を用いて調べた天井ジェットの温度をもとに導かれた式

$$T = 16.9 \times (Q^{2/3} / H^{5/3}) \quad (Q：発熱速度[KW]，H：天井高さ[m])$$

により算出．ΔT は上昇温度であり，室温の 20℃を加えた．なお本式は周囲が開放された空間での実験が伴なっており，閉鎖的空間での温度に比べて低めの温度になっている（CFD や非定常二層ゾーンモデルによる計算値より低い値になっている）．

参 考 文 献

1) 関連する法令の主なものは，以下の通り．
- 建築基準法施行令　第 129 条　　特殊建築物等の内装
- 　同　　第 129 条の 2　　　　避難上の安全の検証を行う建築物の階に対する基準の適用
- 　同　　第 129 条の 2 の 2　　避難上の安全の検証を行う建築物に対する基準の適用
- 平成 12 年建設省告示 1436 号　火災が発生した場合に避難上支障のある高さまで煙又はガスの降下が生じない建築物の部分を定める件
- 平成 12 年建設省告示 1439 号　難燃材料でした内装の仕上げに準ずる仕上を定める件
- 平成 12 年建設省告示 1440 号　火災の発生のおそれの少ない室を定める件
- 平成 12 年建設省告示 1441 号　階避難安全検証法に関する算出方法等を定める件
- 平成 12 年建設省告示 1442 号　全館避難安全検証法に関する算出方法等を定める件

工法および事例の紹介編

工法および事例の紹介編

1. 工法および事例の紹介

　本編では，天井落下に対応する各工法の事例と特徴，長所，採用する際の注意事項等を紹介する．人命保護に適した工法と機能維持を目的とした損傷制御工法を明快に区分してとらえ，それぞれの技術開発と実プロジェクトへの適確な適用を積極的に推進することが，安全安心なだけでなくさらに快適で豊かな空間を実現するためには不可欠である．

(1) 工法適用にあたって

　実プロジェクト（新築，改修，復旧を問わず）への採用においては，工法ごとの特性を理解することが重要である．工法特有の注意事項を軽視しては，本来の性能を発揮出来ないばかりか，思わぬ危険性を見逃す可能性もある．それらを個別プロジェクトの様々な与条件と整合させたうえで，積極的に採用することが必要である．

　採用にあたっては，常に人命保護と機能維持の重要性の違いを意識した適切な工法の選択と組合せが重要であり，実現に向けて関係者間の合意の下で進めなくてはならない．

(2) 技術開発

　2011年東日本大震災以降，天井落下対策に対する要求（発注者要求，新規技術開発等）が高まっている．技術開発については，設計者，工事請負者（受注者），材料製作業者等で個々の開発が進められている．しかし，現状では選択可能な材料や工法が，求められている天井（新規，既存を問わず）の絶対量に対して十分とはとても言えない．機能維持を目的とした工法の開発は少しずつ進んできているが，人命保護については，いまだ旧来の工法の延長線上に過ぎないと思われる．

　既存の枠にとらわれない，より良い材料や工法の開発が急務であり，改修への適用性の向上や低コスト化も重要である．そのためには天井に関係するすべての関係者の意識改革が是非必要である．

　技術開発においても，本書の情報（仕組，研究，事例等）は活用価値がある．なお，当該技術が人命保護と機能維持のどちら（あるいは両方を満たす場合も含めて）を目指すものかをよく認識したうえで利用することが重要である．

2. 工法と事例の区分

本章では，人命保護に適した工法（後出2.1）と機能維持を目的とした損傷制御工法（後出2.2）に分けて紹介する．

取り上げた事例は，以下の3つに分けられる．一つは地震やその他の原因による天井落下からの復旧事例である．もう一つは既存の天井で採用されている工法が落下対策として有効であり，参考にすべきと考えられる事例である．今一つは，開発されつつある新しい工法の事例である．各工法の落下対策としての有効性に加え，他の機能・性能上の利点，注意点等を事前によく評価したうえで，採用を検討することが重要である．検討の際は，解説編の「2.2.1　機能実現と機能維持」による機能の整理が参考になる．

2.1　人命保護に適した工法の事例

天井落下に対する対策の内，まず最初に取り組むべき「人命保護」を実現する4種類の工法（直天井工法，軽量柔軟化，フェイルセーフ，準構造）の事例と特徴，長所，採用する際の注意事項等を紹介する．人命保護に適した工法も解説編の表2.1.1に示す様に新たな選択肢が増える可能性もあるが，それらは確実に人命保護を実現するものでなくてはならない．

2.1.1　直天井工法の事例

人命保護を実現する工法として，「直天井工法」の事例と特徴，長所，採用する際の注意事項等を紹介する．

天井の落下対策として最もシンプルな発想は，「天井を張らない」ことである．本項では，地震の被災施設の復旧例，および既に様々な用途，空間に採用されている「直天井工法」の事例と特徴，長所，採用する際の注意事項等を紹介する．なお，直天井工法をさらに進め，建築・構造・設備を一体として計画した「構造一体化」天井も対象としている．

(1)　直天井工法の事例（地震による被災施設の復旧・改修例）

空港【A】のエントランスホールは2011年東日本大震災での落下映像が報道され，落下の恐怖を広く周知する結果となった．被災後，ホールの吊り天井を撤去し，直天井として再生した（図2.1.1.1）．

事例【B】のプールは2005年宮城県沖地震で被災し，大きく崩落した．ここでも吊り天井を撤去し，直天井として再開された（図2.1.1.2）．屋上に断熱層があるため，天井の断熱機能は不要であった．鉄骨には結露防止塗料が施された．

図 2.1.1.1 空港【A】(a) 被災時 [1]

(b) 復旧後 [2]

図 2.1.1.2 公共プール【B】(a) 被災後

(b) 復旧後

(2) 直天井工法，構造一体化の事例（参考事例）

　直天井工法や構造一体化は以前から提案・実施されている．これらの本来の目的は必ずしも天井落下の防止でない場合も多いが，天井を構成する要素，特に空調や照明機能等の納まりについては参考とすべき内容が多数含まれているので，今後の安全対策の参考として紹介する．

　参考事例【1】～【4】は事務室空間での事例である．ここでは空調システム等に工夫がなされ，躯体蓄熱や床吹き出し等が採用されている．一方，大梁と小梁の背を統一し，その下にダンボールダクトを展開するシステムを採用した事例もみられる．このように工夫次第で，他用途を含めた適用の可能性は高い（図 2.1.1.3～6）．

図 2.1.1.3 参考事例【1】(a) 事務所1

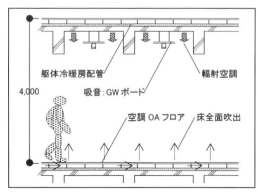
(b) 同左・模式断面図

図 2.1.1.4　参考事例【2】(a) 事務所 2

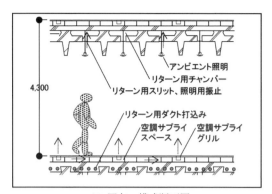

(b) 同左・模式断面図

図 2.1.1.5　参考事例【3】(a) 事務所 3

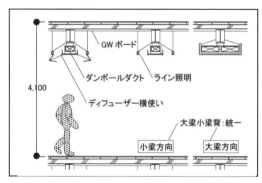

(b) 同左・模式断面図

図 2.1.1.6　参考事例【4】(a) 研究所

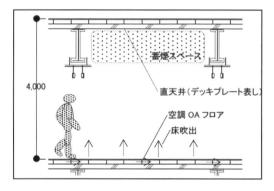

(b) 同左・模式断面図

一方,2011年東日本大震災では,大規模商業施設でも落下被害が多かったが,これらの施設でも直天井は以前から多数作られてきていた.非日常性や躍動感等を求めた演出(意匠)であろうが,発想を変えれば落下被害防止を目的とした普及の可能性は高い(参考事例【5】,【6】:図 2.1.1.7, 8).

さらに,生産施設でも参考となる事例がみられる.参考事例【7】(図 2.1.1.9)は CNC 旋盤工場に層流を利用した空調・換気システムを採用し,直天井を実現している.

図 2.1.1.7　参考事例【5】(a) 商業施設 1　　　　　　　　(b) 同左

図 2.1.1.8　参考事例【6】(a) 商業施設 2　　　　　　　　(b) 同左

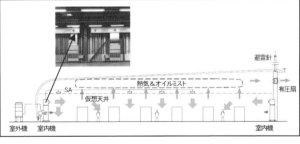

図 2.1.1.9　参考事例【7】(a) 生産施設　　　　　　　　(b) 同左・模式断面図

直天井工法の例について，被災前後の仕様，機能上の変化，および採用するうえでの注意事項等を表2.1.1.1に示す．実際のプロジェクトに採用する際は，個別の与条件を踏まえた詳細な検討が必要であるが，参考となるように基本事項を纏めている．

表2.1.1.1　直天井工法の仕様と機能変化　a. 被災・復旧例

用途	被災前仕様	被災後仕様※	長所	注意事項
空港【A】3) ・ロビー	・石こうボード t 9.5 ＋岩綿吸音板 t 15 ・3m×11mに分割	・屋根折板表し ＋塗装仕上げ	・天井としての落下物がない	・設備，サイン等の落下防止
公共プール【B】 ・プール	・ケイ酸カルシウム板 t 8 ＋耐湿岩綿吸音板 t 12	・屋根下地表し ＋塗装仕上げ	同上	同上 ・躯体，屋根下地，設備等の結露，防錆対策

b. 参考事例

用途		仕様，採用技術	長所	注意事項
参考事例【1】 事務所1・事務室	―	・RCスラブ，梁表し ・輻射空調 ・床全面吹出し空調	・天井としての落下物がない	・設備，吊り物等の落下防止
参考事例【2】 事務所2・事務室	―	・PCスラブ，梁表し ・構造一体化 ・PCリターンチャンバー ・床吹出し空調	同上	同上
参考事例【3】 事務所3・事務室	―	・RCスラブ ＋GWボード直張り ・大・小梁背統一 ・ダンボールダクト	同上	同上
参考事例【4】 研究所・事務室	―	・デッキスラブ表し ・耐火被覆，ダクト，ケーブルラック表し ・床吹出しアンビエント空調＋タスク空調	同上 ・梁内空間の蓄煙	同上
参考事例【5】 商業施設1・売場	―	・デッキスラブ表し ・梁，設備等表し ・化粧フレーム	・天井としての落下物がない	・設備，サイン等の落下防止 ・防煙垂壁の軽量柔軟化
参考事例【6】 商業施設2・売場	―	・デッキスラブ表し ・梁，設備等表し	同上	同上
参考事例【7】 生産施設・ CNC旋盤工場	―	・屋根折板表し ・梁，設備等表し ・層流空調	同上	・設備，吊り物等の落下防止 ・オイルミストによる汚れ

参考文献，参照画像等

1)　NHK・TVニュース
2)　「天井の安全学」日経アーキテクチュア，P.28. 2011.6-25
3)　大場　康史,川口　健一：東北地方太平洋沖地震による茨城空港ターミナルビル内天井落下に関する速報(第2版)

2.1.2 軽量柔軟化の事例

人命保護を実現する工法として,「軽量柔軟化」の事例と特徴,長所,採用する際の注意事項等を紹介する.

(1) 安全性評価と軽量柔軟化

解説編の「2.1.1 安全性評価」で示しているように,軽量あるいは柔軟な天井材の採用は,人命保護には極めて有効である.天井に要求される性能を絞り込み,可能な限りの軽量化・柔軟化を図ることが望ましい.高さによって使える材料は異なり,天井高が低い場合は天井材質の選択の自由度は広がる.

さらに地震時に機能維持の要求がある場合は耐震化を行うことになるが,軽量な材料は慣性力の入力が小さく,柔軟な材料は変形追従性が高い.

(2) 軽量柔軟化の事例(地震による被災施設の復旧・改修例)

事例【C】のプールは2011年東日本大震災で被災し,ボード天井から軽量柔軟化(膜天井)した事例である.天井と同時に空調ダクトが変更されている(図2.1.2.1).

空港【D】は2003年の十勝沖地震を受け出発ロビーの天井が落下した.復旧には膜天井が採用され,膜材の曲面を活かした軽快な仕上がりとなっている(図2.1.2.2).

公共プール【E】は2009年の駿河湾地震で,天窓下部のアルミルーバが脱落する被害が発生した.さらに地震とは別に屋根からの漏水が原因で,グラスウールボードの落下も発生した.ここでは,ルーバーの代替として,防炎膜による可動式の膜天井による復旧が行われた(図2.1.2.3).

図2.1.2.1 公共プール【C】(a) 被災後　　　　　　　　(b) 復旧後

図 2.1.2.2 空港【D】(a) 被災後　　　　　　(b) 復旧後，白枠：天井内

(b) 復旧後

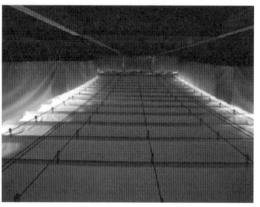

図 2.1.2.3 公共プール【E】(a) 被災後　　　　　　(c) 復旧後，天井内

(3) 軽量柔軟化の事例（参考事例）

地震時被災からの復旧例以外にも，参考となる軽量柔軟化の事例は様々な用途でみられる．

参考事例【8】は一方向張力工法の膜天井を採用した事務所の執務空間である（図 2.1.2.4）．一方向だけにテンションを与え，直交方向は膜材同士を若干重ねるのみの単純な納まりから，伸びやかで光の効果を活かした天井を実現している．

参考事例【9】は公立の文化施設内の図書館で，自由懸垂工法による膜天井の事例である（図 2.1.2.5）．

参考事例【10】はドーム球場の天井としてグラスウールボード（2.4kg/m^2, t=50）をワイヤー吊りした事例である．すのこ状と縦ルーバ状に，あるいは X 方向と Y 方向に，また立体トラスの上弦と下弦材面に張り分けることで，多彩な表情を見せている（図 2.1.2.6）．

なお，グラスウールボードの質量は体積：m^3（立方メートル）当たりで表記することが多いが，本報告書では他の天井材との比較を容易にするため，面積：m^2（平方メートル）当たりで表記することとした（例：48kg/m^3, t=50 の場合 ⇒ 2.4kg/m^2）．

図 2.1.2.4　参考事例【8】（膜天井 1）

図 2.1.2.5　参考事例【9】（膜天井 2）

図 2.1.2.6　参考事例【10】(a) GW ボード

(b) 同左

軽量柔軟化の事例について，地震時被災前後の仕様，機能上の変化，および採用するうえでの注意事項等を表2.1.2.1に示す．実際のプロジェクトに採用する際は，個別の与条件を踏まえた詳細な検討が必要である．ここでは参考のために基本事項をまとめている．

　なお，注意事項として音響，防錆性能等の一部劣化等を上げているがあくまで一般論であり，個々のプロジェクトでは素材，形態，納まり等の工夫により用途ごとに必要な性能，機能を実現している．

表 2.1.2.1　軽量柔軟化の仕様と機能変化　a. 被災・復旧例

用途	被災前仕様	被災後仕様※	長所	注意事項
公共プール【C】 ・プール	在来ボード天井 ・ケイ軽板 t 8 ＋プール用ロックウール 吸音板 t 12	膜天井 ・A 種膜 ・全周張力工法	・シンプルなデザイン ・トップライトを活かした明るさ	・躯体，屋根下地，設備等の結露，防錆対策 ・施工性（大面積）
空港【D】 ・ロビー	在来ボード天井 ・石こうボード t 9.5 ＋岩綿吸音板 t 12	膜天井 ・A 種膜 ・自由懸垂工法	・変形追従性 ・軽快なデザイン	・設備，サイン等の落下防止 ・施工性（高天井用仮設）
公共プール【E】 ・プール	・アルミルーバ ＜震災で落下＞ ・GWボード ＜漏水で落下＞	可動式膜天井 ・防炎膜	・軽量・柔軟化 ・開閉可能	・躯体，屋根下地，設備等の結露，防錆対策 ・断熱の密閉性

b. 参考事例

用途		仕様,採用技術	長所	注意事項
参考事例【8】 ・事務室	—	膜天井 ・内装用不燃膜① ・一方向張力工法	・軽快なデザイン ・明るさ ・超軽量	・設備方式,取合いの調整 ・音響性能等の一部低下 ・反力が発生 ・シワが発生しやすい
参考事例【9】 図書館 ・開架閲覧室	—	膜天井 ・内装用不燃膜② ・自由懸垂工法	・軽快なデザイン ・超軽量 ・施工が容易	・設備方式,取合いの調整 ・音響性能等の一部低下
参考事例【11】 興行場 ・ホール	—	膜天井 ・A 種膜 ・全周張力工法	・造形的デザイン ・高反射材	・設備方式，取合いの調整 ・支持，形状フレームが必要
参考事例【10】 大型ドーム ・アリーナ	—	GWボード天井 ・GWボード 2.4 kg t 50 ＋ガラスクロス包み ・ワイヤー吊り工法	・軽量で吊り工法にて互いに独立しているため地震の揺れに追随する	・ワイヤー張力の確認（経年） ・打球衝突時の安全性 ・解放使用時の風による揺れ
参考事例【23】 大型ドーム ・アリーナ	—	GWボード天井 ・GWボード 2.4 kg t 50 ＋ガラスクロス包み ・立体枠工法	・吸音面積を大きく確保しやすい ・形状の自由度が高い	・下地，設備等の落下防止
参考事例【25】 大型ドーム ・アリーナ	—	GWボード天井 ・GWボード 2.9 kg t 30 ＋ガラスクロス包み ・直張り工法	・吸音面積を大きく確保しやすい	・下地，設備等の落下防止 ・打球衝突時の安全性

注：・グラスウールボードの質量は厚さを考慮し，面積：m²当たりで表示
　　・A種膜等：日本膜構造協会による種別

(4) 膜天井の素材と工法

　軽量柔軟化の典型例である膜天井の素材と工法の特徴等を以下に示す．表 2.1.2.2 では代表的な膜

材を示すが，仮に不燃膜と防炎膜に，さらにそれぞれを厚膜タイプと薄膜タイプに分類している．

表 2.1.2.2　膜天井の素材と特徴

種別・仕様	防火	膜重量 厚さ (目安)	長所	注意事項	デザイン性	適用・用途	事例
■不燃膜							
□厚膜タイプ							
・ガラス繊維＋ ・フッ素樹脂コート 　(A種膜材料)	不燃	1.0 kg/m² 0.6 mm	・耐久性 ・透光性 ・通気性の選択可能	・断熱，吸音性が低い ・コストが高い	・透光性による演出	屋外 (屋内)	【17】 【18】
・ガラス繊維＋ ・塩化ビニル樹脂コート 　(B種膜材料)	不燃・防炎	0.78〜0.9 kg/m² 0.5 mm	・耐久性 ・透光性	同上	・着色可能 ・透光性による演出	屋外 (屋内)	
□薄膜タイプ							
・ガラス繊維＋ ・アクリル樹脂コート (内装用不燃膜①)	不燃	0.27〜0.35 kg/m² 0.24〜0.4 mm	・超軽量 ・比較的安価	同上	・透光性に優れる ・印刷可	屋内	【8】
・ガラス繊維＋ ・塩化ビニル樹脂コート (内装用不燃膜②)	不燃	0.35〜0.58 kg/m² 0.36〜0.41 mm	・超軽量 ・比較的安価	同上	・透光性に優れる ・印刷可	屋内 (屋外)	【D】 【9】
・ガラス繊維＋ ・フッ素樹脂コート	不燃	0.45〜0.49 kg/m² 0.29〜0.41 mm	・耐候性 ・超軽量	同上	・透光性に優れる	屋内 (屋外)	【11】 【12】 【14】 【16】 【18】
・ガラス繊維＋ ・シリコン樹脂コート	不燃	0.26 kg/m²	・超軽量	同上	・透光性に優れる	屋内	
・ガラス繊維＋ ・塩化ビニルフィルム	不燃	0.43 kg/m² 0.3 mm	・非常に薄い ・柔軟性 ・耐候性が良い		・着色可能	屋内	
■防炎膜							
□厚膜タイプ							
・合成繊維＋ ・塩化ビニル樹脂 (C種膜，含類似)	防炎	0.6〜0.9 kg/m² 0.54〜0.8 mm	・柔軟性が高い ・コスト	・不燃性能 ・耐久性	・着色可能 ・吸音効果が比較的高い	屋外 (屋内)	【C】
・ポリエステル繊維＋ ・塩化ビニル樹脂コート (メッシュ膜材料)	防炎	0.6 kg/m² 1.1 mm	・柔軟性が高い ・コスト ・フェイルセーフ目的可	・不燃性能 ・通気性(3割程度) ・耐久性	・着色可能 ・視認性	屋外 (屋内)	
□薄膜タイプ							
・塩化ビニルフィルム	防炎	0.2〜0.4 kg/m² 0.18〜0.3 mm	・拡散率が高く照明が透けて見えにくい ・超軽量 ・自己消火性 ・安価	・不燃性能	・伸びる〜3次曲面可能	屋内 (屋外) ・大型光膜 ・室内装飾 ・欧米では内装用膜材の主流	【12】 【13】 【15】

・A種膜等：日本膜構造協会による種別

天井材に適した屋内向けの薄膜タイプは近年開発が活発であり，軽量で柔軟な膜材や不燃膜も増えている．付加価値をつけた製品では，光膜天井用に光を様々に演出したり，プール用のはっ水・防錆仕様，柔軟な形状が可能な膜等，幅広い活用が可能である．

膜材には不燃膜と防炎膜があるが，不燃の要求が膜天井採用のネックになる場合も多い．

次に，膜天井の工法を全体工法と端部の納め方である詳細工法に分けて紹介する．全体工法の特徴等を表2.1.2.3に，力学的なイメージと参考事例を図2.1.2.7に示す．

一方，端部工法は図2.1.2.8で，模式図等で示している．

表 2.1.2.3 膜天井の全体工法と適用

工法・概要	端部工法	長所	注意事項	デザイン性	事例
全周張力工法					
・フレームを組み，すべての外周部で膜を定着	・ラッキング ・金属枠固定 ・はめ合工法	・大規模で均質な形態（平面，曲面共） ・設備取合いが容易	・下地フレームが重い ・躯体反力が大きい	・形状の自由度が高い ・光の演出が多彩	【C】 【11】 【12】
同上・パネル工法					
・小単位のフレームに膜を定着し，複数を組合せる	・金属枠固定 ・はめ合工法	・小単位の組合せで自由な形態が可能 ・軽量 ・躯体反力が小さい	・下地が細分化しており，脱落防止に注意	・金属パネルの代替可（透光率小の場合）	【13】 【14】
一方向張力工法					
・一方向のみで膜を定着	・ラッキング ・はめ合工法	・大規模で均質な形態 ・変形追従性が高い ・納まりがシンプル ・施工が早い	・躯体反力が大きい	・"膜"らしい形状 ・光の演出が多彩	【8】 【9】 【15】 【16】
サスペンション工法					
・外周にポイントで金物を付け，張力を与える	・ワイヤー＋フック ・ロープ＋フック	・変形追従性が高い ・納まりがシンプル ・施工が早い	・躯体反力が大きい	・サスペンション膜らしい軽快さ ・光の演出が多彩	【17】 【18】
自由懸垂工法					
・両端2辺のみを定着し，張力を掛けない	・パイプ吊り ・はめ合工法 ・ファスナー工法	・大規模が可能 ・変形追従性が極めて高い ・納まりがシンプル ・躯体反力が小さい	・しわ調整が必要	・"膜"らしい形状 ・光の演出が多彩	【D】 【E】 【19】 【20】 【21】内膜
空気膜工法					
・閉じた膜間，または室内の気圧を上げて形態を保持	・ラッキング ・はめ合工法	・大規模で均質な形態 ・工法上，落下の懸念がない（またはゆっくりしぼむので避難可能）	・大規模な加圧装置 ・ランニングコストが高い	・工法そのものが内外の形態に表れる	【21】外膜 【22】

注：工法に統一された一般名がないため，本指針限りの仮の名称とした

工法および事例の紹介編 —149—

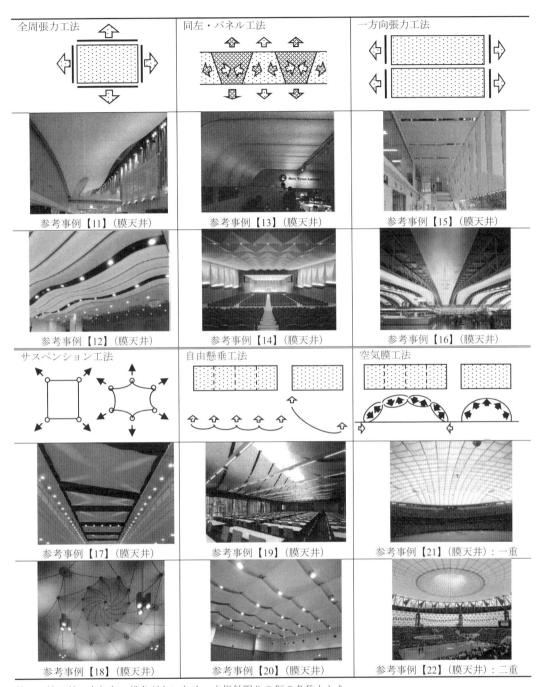

注：工法に統一された一般名がないため，本指針限りの仮の名称とした

図 2.1.2.7　膜天井　全体工法のイメージと事例

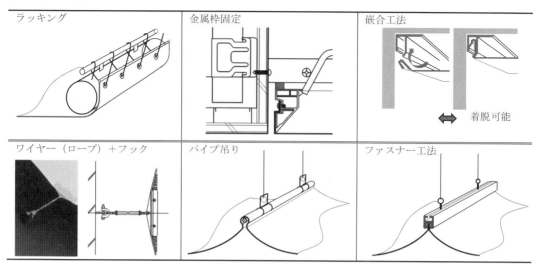

図 2.1.2.8 膜の端部工法

　工法も屋内に適した比較的簡単な工法が増え，軽量化や大型化に加え，デザイン性の向上やコストダウンも期待されている．紹介した全体工法と端部工法以外にも，例えば比較的面積が小さい空間では，構造的に検討された軽量の下地に膜材をタッカーで固定するだけ，あるいは固定部分を隠す押し縁を加えるだけでも膜天井が実現できる．素材の低コスト化に加えて，工法の簡素化にも工夫の余地は大いにある．

　従来の照明を内部に組込んだ光膜天井では，管球の交換のために膜パネルを簡単に着脱できる納まりが求められ，そのために下地が重くなりパネルの落下の危険性が増すだけでなく，コストアップの要因にもなっていた．しかし，LED照明の普及により交換作業を頻繁に想定しなくてもよい納まりも可能になりつつある．内装の改修頻度が高い商業施設等では，特に有効である．

　また，一見不利と思われる設備の貫通処理も，例えばスプリンクラーは単純に穴を開けて設置するだけでよくホツレ処理等は不要であるなど，必ずしも制約にはならない．

(5) グラスウールボード天井の素材と工法

　断熱・吸音材として多用されているグラスウールを天井の面材として用いるグラスウールボード天井も，表面素材や工法によっては，多彩な利用方法が可能である．以下，表 2.1.2.4, 5, 図 2.1.2.9 にそれらの特徴等を示す．

　グラスウールボードの天井用の素材および工法は膜天井に比べると現状では選択の幅が限られている．しかし，吸音性能や断熱性能に寄与するところは大きく，コストも比較的安価なことから，人命保護の観点からは大いに価値のある天井材・工法である．表面材の意匠的な工夫や安全な工法の開発を材料製造業者だけでなく，設計者も推進すべきである．

表 2.1.2.4　グラスウール (GW) ボード天井の素材と特徴

種別	仕様	用途	長所	注意事項	適用（工法，事例）
ガラスクロス包み	GWボード 1.6〜4.8 kg/m² ＋ガラスクロス包み	・機械室 ・ドーム，アリーナ ・多目的ホール，映画館 ・ホテル ・店舗，オフィス ・学校	・吸音性に優れる ・断熱性能がある ・吸水性の制御可能	・吸水性があるため結露や雨水を吸うと重くなる	・ワイヤー吊り工法 ・立体枠工法 ・直張り工法 【10】【23】【25】
ガラス不織布張り	GWボード 1.6, 2.0 kg/m² ＋ガラス不織布張り	・オフィス，アリーナ ・工場倉庫，店舗	・吸音性に優れる ・断熱性がある	同上	・システム天井等 【24】
塩化ビニルシート張り	GWボード 1.6, 2.0 kg/m² ＋塩化ビニルシート張り	・オフィス，アリーナ ・工場倉庫，店舗	・吸音性がある ・断熱性がある ・汚れに強い	同上	・システム天井等 【24】

注：GWボードの質量は一般的な厚さ（クロス包み：t 50，その他：t 25）の場合の，面積当たりを表示

表 2.1.2.5　グラスウールボード天井の工法と適用

工法名	工法の詳細	特徴	長所	注意事項	適用（素材，事例）
ワイヤー吊り工法	複数のワイヤーに専用金物で吊り下げ	・大きなスパンで施工が可能 ・天井板を水平方法と垂直方向で吊り下げ施工が可能	・大きなサイズの天井板を施工できる ・垂直方向に多数吊るすことで吸音性を上げることが可能	・室内の空気の動きに影響を受ける	・ガラスクロス包み 【10】
立体枠工法	立体に組んだ樹脂枠に組込み	・施工床面積に対して吸音面積を大きくとれる ・天井板の昇降にも対応可能	・固定度が高いため可動式天井が可能	・施工時に専用部材が必要	・ガラスクロス包み 【23】
システム天井	Tバー間に落し込み	・天井板と照明や空調吹き出しなどの設備機器の設置が任意にできる	・天井板の取り替えが可能	・下地材に鋭利な部分がある場合，施工時に振れ留めや落下防止措置が必要	・ガラス不織布張り ・塩化ビニルシート張り 【24】
直張り工法・ジョイナー止め	工法① ボード端部をジョイナーで押さえ込む工法 工法② 本実付合せ部分に仕込んだ特殊ジョイナーで下地に固定	①ボードを下地材とジョイナー間で押さえ込むので変位対応が容易 ②特殊ジョイナーの場合，表面にジョイナーが見えない	・既設の鉄骨を下地に使用するので施工が早い	・R天井には対応困難（曲率小）	・ガラスクロス包み 【25】
直張り工法・ピン止め	接着と樹脂ピンで固定	・安価で吸音，断熱効果が得られる	・施工が早い	・天井板の表面に押さえピン施工時にしわが発生することがある	・ガラスクロス包み

グラスウールボードは以前から様々な理由で高天井から落下した事例が多い．しかし，天井材そのものとしては安全性評価により"安全"となる領域が広い素材であり，人命保護の観点から利用価値の高い天井材である．ただし，鋭利な部分がある金属製下地の落下防止対策は必須である．また，吸湿して重量が増した状態での脱落は危険であり，漏水や結露水に対する改善や対策が必要である．

一方，体育館等は被災時の避難所等に利用される場合が多く，その場合は機能維持のために下地，天井材の両方の損傷制御が求められる．紹介した各工法の下地を構造的に検証すると共に，ボードそのものも下地への留め付け方を確実にするかフェイルセーフの対象とし落下防止を図ることで，機能維持をも実現できる．

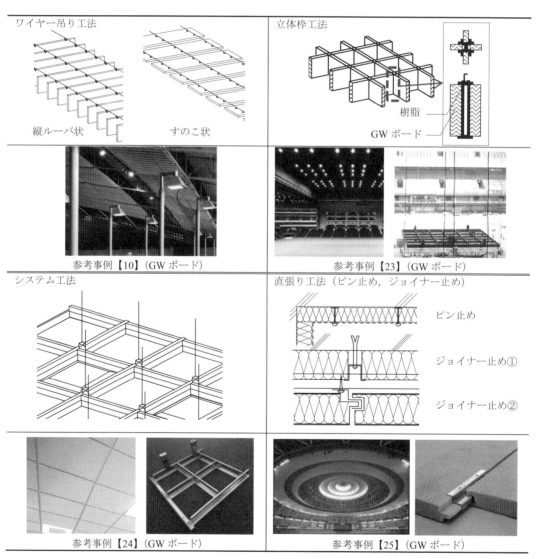

図 2.1.2.9 グラスウールボード天井 工法と事例

(6) その他の軽量柔軟な天井工法

非フロンガスを使用した不燃のフェノールフォーム断熱ボード（t=20）等も開発されている（図2.1.2.10）．下地工法は専用のシステム天井であり，部材点数を削減して軽量化を図り斜材補強をなくした結果，天井材と下地材（吊りボルトを除く）を合わせて 2.0kg/m² 未満となっている．吊りボルト間隔は 910×1820 で通常のインサート間隔をそのまま利用できることから，改修工事にも対応が容易である．

吊りボルトの間隔が広く斜材がないことから，天井内設備の配置計画において自由度が高い．ただし，設備重量が天井重量に加わらないように，設備の別吊り・耐震補強等の損傷制御・クリアランス等に配慮する必要がある．

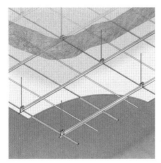  

(a) 模式図　　　　　　(b) 仕上り　　　　　　(c) 天井内

図 2.1.2.10　開発事例　軽量柔軟な天井

(7) さらなる軽量柔軟な天井工法の必要性

解説編「2.1.1　安全性評価」に示した判定では，現状で軽量柔軟な天井として採用可能な素材・工法は膜天井，グラスウールボード天井，断熱ボード天井，岩綿吸音板天井（直張り）および天井高さが低い場合の一部のボード天井（石こうボード単板，ケイ酸カルシウム板単板等）などに限られている．ボードの場合は，下地と共に落下すると危険性が増し，その場合は安全とは判断出来なくなる．下地単独の落下も考慮すると，下地の落下防止対策（準構造化，フェイルセーフ等）が必要である．

今後は，上記以外の天井材と工法の新たな選択肢が必要である．材料製造業者，設計者等の他，従来は天井を扱っていなかった異分野の素材メーカー等の参入が期待されるところであり，行政や学術研究者等による後押しも不可欠である．

2.1.3 フェイルセーフの事例

人命保護を実現する工法として,「フェイルセーフ」の事例と特徴,採用する際の注意事項等を紹介する.

(1) 人命保護とフェイルセーフ

フェイルセーフ工法は天井工法の弱点をカバーするものとして重要である.確実な人命保護が考慮されていない既存の天井で更新が困難な場合や,耐震性のみが考慮され,人命保護が十分でない場合の人命保護措置として有効である.前者では,補強工事や仕様変更が困難な文化財としての保存建築物や寺社等に使われる場合も多い.

事例としては複数の素材,工法等が見られるが,落下対象の範囲をきちんと評価したうえで設計・施工を行わないと,強度不足等をまねく危険がある.天井全体の落下を対象とするのか,部分的な範囲に分けて対象とするのか,長期間使用するものか,あるいは将来の改修までの有期のものか等を検討当初に設定し,関係者間で合意しておく必要がある.解説編の「2.1.3 フェイルセーフ」を参照し,十分な検証を行われたい.また,新たな工法の技術開発にも期待したい.

(2) 落下防止ネットの事例

2011年東日本大震災以前から,落下防止ネットの採用例は多い.静岡県の学校体育館等で採用された例は広く知られている(【26】図 2.1.3.1).

参考事例【27】(図 2.1.3.2)はスポーツ施設にナイロン製ネットを用いた事例である.

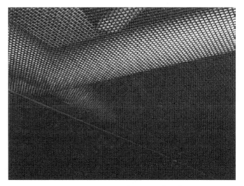

図 2.1.3.1 参考事例【26】 静岡の体育館　　　　図 2.1.3.2 参考事例【27】

工法として最も一般的なものは,図 2.1.3.3, 4 のように部屋の両端間にケーブルを張り,ケーブル間に樹脂製のネットを接続金物や結束ロープで結束する方法である.ケーブルは長さに応じて,中間部で支持する場合もある.土木構造物(主にRC造の橋梁や高架道路等)の老朽化に伴うコンクリート片の落下対策には「はく落防止ネット」として同様の工法が用いられており,ある程度の重量物(コンクリート片相当)に対応できる.ただし,天井の場合は全面が落下する可能性も想定すると,ケーブルの必要強度が大きくなるため,さらに適切な設置計画と設計が必要である.

また,ケーブルの端部や中間部での躯体への取付方法にも十分な配慮が必要である.躯体への負荷,アンカー方法(特に改修時の後施工アンカーやクランプ式金物等),取付金物の緩みや脱落防止

等に注意を要する〔取付部の耐力，強度，注意事項は解説編の2.1.3を参照のこと〕．体育館のように周辺に躯体がある場合はある程度強度が期待できるが，一般の部屋のように周辺に躯体がない場合は間柱を設けるなどの措置が必要であり，十分な構造的検証が欠かせない．

ネットの素材としては，ポリエステル系やナイロン系の防炎品が用いられる場合が多いが，適用する部屋の環境によってはSUS等の金属系ネットも考えられる．また，前出の膜天井にあったメッシュ膜他をフェイルセーフ目的で活用することも可能である（表2.1.2.2）．

ただし，落下防止ネットは面材には有効であるが，ネットの形状，格子目の寸法によっては吊ボルト，野縁等の線材等は抜け落ちてしまう可能性があり，それらに関する別の対策の要否も合わせて検討する必要がある．また，ネットの劣化やアンカー部，クランプ部等の状況を継続的に点検する必要もある．

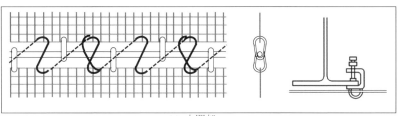

(a) 中間部　　　　　　　　　　　　　　　　(b) 端部

図 2.1.3.3　ケーブルとネットの取付例

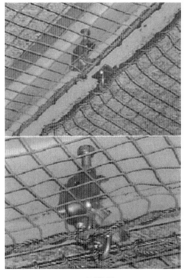
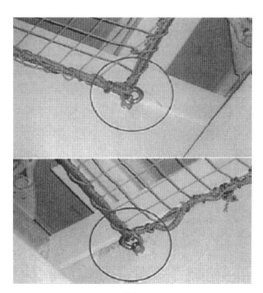

(a) 中間部　　　　　　　　　　　　(b) 端部

図 2.1.3.4　ケーブルの取付例

(3) 落下防止ワイヤーの事例

　落下防止ネットは面としてのフェイルセーフであるのに対し，落下防止ワイヤーは点や線としてのフェイルセーフの特徴がある．パネル化された天井材のみならず，設備機器やパイプ，ダクト等のフェイルセーフとしても重要である．同時にワイヤーの吊り元が多数分散的に必要であり，吊り元の確保にも注意を要する．落下防止ワイヤーは他の対策との併用が容易である．また，他の対策が困難なほど天井内が混みいっている場合等でも採用しやすいことが特徴であり，既存天井へ付加的に行う改修にも対応可能である．また，市販品等もあり，費用面でも比較的採用が容易である．

　ただし，天井荷重とワイヤーサイズや吊りピッチの検討，余長のコントロール，吊り元の強度確認等を怠ると落下を防げない可能性があり注意を要する．

　落下防止ワイヤーの参考事例を以下に示す．軽量鉄骨下地同士を下から上へ（野縁から野縁受けへ，野縁受けから吊りボルトへと順次吊るすタイプである（図 2.1.3.5）．

図 2.1.3.5　落下防止ワイヤーの参考事例 (a)　　　　　　　(b) 同左

図 2.1.3.6　ワイヤーの開発事例　　　　図 2.1.3.7　落下実験時の効果 [1]

　他にも，岩綿吸音板を直に吊るすタイプの落下防止ワイヤー等が検討されている（図 2.1.3.6）．

　図 2.1.3.7 はある天井の落下実験[1]の際に効果が確認された落下防止ワイヤーの事例である．3 軸振動台で加振する天井下地を X，Y 方向とも約 2m ピッチで樹脂ワイヤーで上部構造に緊結したところ，天井が下地とともに落下した際に受け止めることが出来た．しかし，ワイヤーは野縁に留められているため，ボードそのものの落下を防ぐ工法とはなっていない点に注意が必要である．

現状では図 2.1.3.8 ①のように下段の天井下地材を上段の下地材や吊りボルトとワイヤーで結ぶ例が多い．今後は，②面材を直に吊るす，③面材とワイヤーを一体として製造する，④面材の下にネット等を設けて吊るす等の多様な工夫・開発が望まれる．なお，④はシネコンのように遮音と吸音を必要とする天井をイメージしたものである．この場合の下地ネットは前出の張力を導入した落下防止ネットとは異なり，多数のワイヤーで天井裏から吊るされた受け材である．ただし，重量のある天井では落下防止効果（安全性の確保）が限定的であることから，解説編の「2.1.4 準構造」他で示す準構造等の採用も積極的に検討する必要がある．

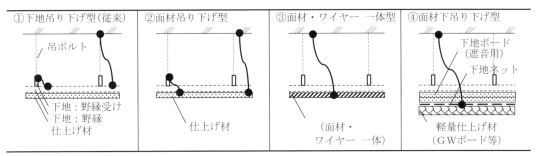

図 2.1.3.8　落下防止ワイヤーの概念図　（参考）

　フェイルセーフとして有効であるためには，ワイヤーの上部での緊結先にも注意する必要がある．吊りボルトに緊結する場合が多いが，ボルトの長さや斜材の取り付け方，インサート等の状況次第ではボルトの破断や脱落の可能性がある．安易に吊りボルトを選択することなく，吊り元の状況をよく把握することが大切である．吊り元が鉄骨材の場合も慎重な検討が必要である．クランプ金物は偏心により，荷重がかかった瞬間に外れてしまう場合も多く，特に注意が必要である．

　フェイルセーフ工法をひとつの連続した天井の一部だけに採用しても本来の効果は得られないので，一連の天井全体に均等に設けることが大切である．

　また，2011 年東日本大震災でも，軽量鉄骨下地は健全でもビス留めした面材のみが落下する"ビスの頭抜け"が多数報告されている（図 2.1.3.9）．この場合は上記の落下防止ワイヤー工法の内，①の下地のみを吊る方式では落下防止効果がないことから，②以降の検討が必要になる．

　また，機能維持の各工法を有効に働かせるためにも，"ビスの頭抜け"そのものに対する対策の開発も必要である．頭抜け対策の検討事例としては，ビス止め時に金属製ワッシャを用いたものがある（図 2.1.3.10，11）．ビス頭周囲でのコーン破壊を軽減する効果がみられる．損傷制御として利用することは可能であると考えられる．

図 2.1.3.9　ビスの頭抜け[2]

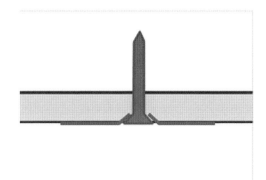
図 2.1.3.10　ビスの頭抜け対策案

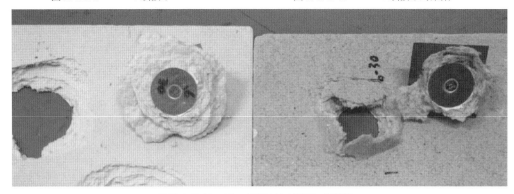
図 2.1.3.11　ビスの頭抜け対策案（実験）

(4) フェイルセーフ工法の開発事例

　上記で示したフェイルセーフ工法の特徴や注意事項を踏まえて，幾つかの工法が開発されているので紹介する．以下の2例は改修工事における制約（既存下地・仕上げを解体する必要がある，天井設備等が邪魔をして必要な部材を配置し辛い，部屋を使いながらの改修が困難等）を意識した工法であり，それらをできるだけ抑える工夫を行っている．

図 2.1.3.12 は落下防止ネットの応用例である．従来の工法ではネットを支えるケーブルに大きな張力を与える必要があり周辺躯体への負荷も過大になりがちであったが，グリッド状に配置した平鋼を天井内から吊るすことでネットを支え，負荷を抑えつつ平滑で目立ち難いネット工法を実現している．また，落下時の落下距離を小さくすることで，部材（ネット，平鋼等）の寸法・強度を小さくすることが可能である．

図 2.1.3.13 はネットを用いず，天井の仕上げボードを高強度の格子状のロープで支える新しい工法である．格子状のロープは主要な交点を受けプレートを介して天井内の吊りボルトから支持している．この工法も比較的小さな部材の組合せで構成されている．ただし，ネットと異なり小型の設備部品（照明の管球等）や天井仕上げの破片等がすり抜ける可能性があり注意が必要である．また，既存の吊りボルトを利用してネットやロープを吊る場合，吊りボルトの吊り元の強度確認等を怠ると落下を防げない可能性があり注意を要する．

(a) 仕上り

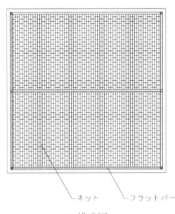
(b) 模式図

図 2.1.3.12 落下防止ネットの開発事例

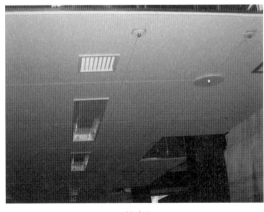
(a) 仕上り

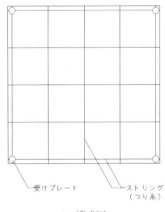
(b) 模式図

図 2.1.3.13 格子状のロープによるフェイルセーフ工法の事例

図 2.1.3.14 は天井の仕上げボードを格子状の金属フレームで支える新しい工法である．既存の吊りボルトを利用せず天井下から開けた作業穴から専用の治具で天井スラブにあと施工アンカーを用いて新規のボルトを吊り，天井ボード下に格子の主材（アルミ押出し材等）を固定する．さらに直交方向に副材を設けて格子状フレームを形成する．副材位置は部位ごとに設定できるので，天井設備（空調機，照明等）や点検口のレイアウトに干渉しない配置が可能である．なお，吊りボルトの吊り元にはピン構造のバックルを配し，2011 年東日本大震災等で多発したボルト吊り元の繰り返しの変形による破断に対処している．ただし，あと施工アンカーの耐力確認を行い安全性を確認する必要があることは他の改修工法（図 2.1.3.3，2.1.3.4 等）と同様に重要な注意事項である．

　フェイルセーフについては実効性，適用性を高めた工法の開発はこれからの分野であり，上記の事例を含めて，さらなる開発のスピードアップを期待したい．

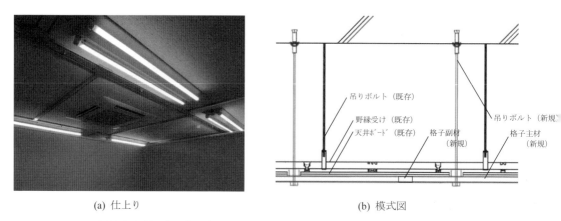

(a) 仕上り　　　　　　　　　　(b) 模式図

図 2.1.3.14　格子状の金属フレームによるフェイルセーフ工法の事例

参照画像等

1)　E-Defense での非制振状態における加振実験記録動画より（2009 年 3～4 月，免震制振実験 WG，主査：東工大笠井和彦教授）
2)　佐々木晴夫，髙井賢，松本誉明：「天井落下・崩落の要因分析」，建築学会大会学術講演梗概集，2012

2.1.4 準構造としての計画

　高所設置の仕上げ材は，人命保護の確保が最優先であり，材料そのものに軽量柔軟なものを用いることが望ましいが，様々な理由で軽量柔軟な材料が利用できない場合がある．このような場合は，構造部材を用いて構造計算を行って天井を計画することが有効である．このような天井は，劇場や音楽ホール，映画館などの公共性の高い建物に多く，天井高さも高いものが多い．そのため，設計者は構造技術者との協働によりこれらの天井等非構造材を準構造として計画・設計・施工し，人命保護と天井の機能を確実に実現する必要がある．

　構造技術者による部材，接合部耐力の確認を行い，施工も構造部材として行う．天井仕上げ面は構造部材または構造部材と同等のレベルで品質を管理された部材にて構成し，接合部強度が確実に保持され，経年変化に耐えうる機構で固定されなければならない．例えば音響上の反射機能を実現するために，PC板等を反射面の機能を持つ天井・壁材として直接構造材に固定する計画として設計・施工する．さらに，意匠上の仕上げが必要な場合には，別に軽量柔軟な天井を計画する等が考えられる．

　以下に準構造として計画・施工された事例を紹介する．先に述べたように，本来天井を準構造として計画する場合には，天井面まですべてを構造部材または構造部材と同等のレベルで品質を管理された部材を用いて設計・施工すべきところではあるが，改修工事など様々な制約条件のある中での対応の事例として，ここでは天井下地までを構造として計画・施工した事例を2例紹介する．

(1) 既存天井の音響性能再現と落下防止対策を両立させるために天井下地までを構造としたホールの復旧事例

1) はじめに

　ここでは，2011年東日本大震災により落下した音楽ホールの重量天井の復旧において，重量天井の安全性を確保すると共に，既存天井の音響性能を復元するべく，天井下地までを構造として設計・施工した事例の概要について述べる．

2) 復旧対象の天井の特徴

　復旧対象の天井は，鉄骨造一部鉄骨鉄筋コンクリート造および鉄筋コンクリート造，地下2階，地上8階建の建物の，地上4階から8階に配置された音楽ホールの天井である．この天井は，音楽ホールとしての音響性能を確保するために，天井材に繊維混入石こう板の重ね貼り（8mm×5枚，総厚40mm，約65kg/m^2）を使用して低音反射特性を向上している．

　天井の平面形状は，長辺約64m，短辺約36mの不整形なだ円形となっており，天井面の高さは最大で約22mである．

　この天井は，平面および断面とも非常に複雑な形状となっている．そのため，建物本体の構造部材面から天井仕上げ面までの吊り長さが場所によって大きく異なっており，天井面にも大きな段差がある．図2.1.4.1に複雑な天井面のパースおよび写真を示す．

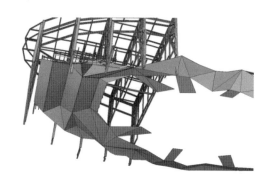 

| (a) 見上げのパース | (b) 内観写真 |

図 2.1.4.1　複雑な天井面のパースおよび写真

3) 天井の設計

(i) 天井設計用地震力の設定

　この建物の天井は，建物敷地で起こりうる最大級の地震が生じても落下しないことを設計条件としている．そこで，建物敷地地盤における地震危険度を評価して模擬地震動を作成し，建物モデルに入力して地震応答解析を行った．応答解析結果から，天井を吊る階（最上階）の応答スペクトルを作成すると共に，部分実大試験体による性能確認実験で使用する入力波を作成した．この性能確認実験から，防振ゴムにより本体建物と切り離された天井架構の振動特性を確認して，天井の設計用震度を余裕を持った設定値として，水平震度 2.0G，鉛直震度 1.0G に設定している．但し本来は，建物構造躯体の倒壊以前には決して落下しないことを確認する必要がある．

(ii) 部材設計の概要

　天井の復旧に際して実施した天井下地材の補強の考え方を図 2.1.4.2 に示す．天井下地材について，ホール中央部の比較的平たんな天井部分では，稜線部の補強およびブレースに C 形鋼を用いており，外周の複雑な天井面の形状に対しては，配置の自由度の高い丸パイプ（単管）を稜線部の補強材およびブレース材に用いている．また，天井ボードの稜線部には補強プレート（稜線金物）を設置している．下地材の接合に用いる金物は，接合部で滑りの生じないディテールとした．その新規開発の金物には，①防振吊り用ハット型金物，②吊りハンガー，③野縁受け吊り金物，④野縁・野縁受け接続金物，⑤パイプブレース接続自在金物（3 種類）があるが，これらの金物についてはすべて強度試験を行い強度を確認している．図 2.1.4.3 および図 2.1.4.4 に上記①および⑤の金物の写真を示す．

　原設計において，天井を支持するために設けた構造材による下地フレーム（以下，ぶどう棚と記載する．）下面から天井面までの吊り長さが長い部分には，その下部に新規にぶどう棚を設置し，吊り長さは原則 1.5m 以下としている．

　天井と壁等の取り合い部については，本体建物および天井架構の大地震時の変形量と仕上げ材の納まりから，天井面と周囲の壁等の間のクリアランスを 100mm 以上確保することとした．

繊維混入石こう板と下地材の固定強度については，各層ごとのボードジョイントの位置，使用するビスの種類，およびビス止めの仕様（ピッチ，配置方法など）を決定して，鉛直方向および水平方向に対する強度確認試験を行い，十分な強度のあることを確認の上施工している．

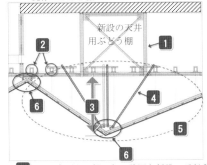
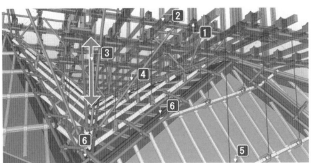

1 既存ぶどう棚下部に強固な新設のぶどう棚を設置
2 1次受材を角パイプとし新開発防振金物を設置
3 基準ふところ高さを原則 1.5m 以下に設定
4 水平力2Gに耐えるブレースを配置
5 すべての金物強度は試験で確認の上使用
6 天井の山，谷部分の接合部分はプレートとパイプで補強
7 天井・壁の取合い部に十分なクリアランス確保

図 2.1.4.2　天井下地材の補強の考え方

図 2.1.4.3　新規開発金物
（防振吊り用ハット型金物）

図 2.1.4.4　新規開発金物型
（パイプブレース接続自在金物）

(iii) 性能確認実験の概要

　防振ゴムを介した架構の振動性状を実験的に確認するために，不整形な天井の一部分を実大で再現した試験体を対象に，2次元加振装置を使った性能確認実験を行った．入力波は，敷地地盤における最大級の地震に対する建物モデルの地震応答解析から得られた，天井を吊る階（最上階）の応答結果から設定している．図 2.1.4.5 に振動台実験の状況の写真を示す．この実験から，防振ゴムを介した天井下地架構の振動性状を確認し，天井および天井下地架構等が極めてまれに生じる地震動に耐える設計を行い，復旧工事に着手した．

図 2.1.4.5 振動台実験の状況

4) 施工写真

図 2.1.4.6〜図 2.1.4.9 に天井下地材の施工写真を示す.

図 2.1.4.6 新設ぶどう棚の施工状況

図 2.1.4.7 稜線つなぎパイプの施工状況

図 2.1.4.8 稜線金物,野縁・野縁受の状況

図 2.1.4.9 繊維混入石こう板の施工状況

(2) 天井下地までを構造としたホールの事例

ホールの天井下地を構造として計画した事例を図 2.1.4.10 に示す．繊維混入石こう板 8mm×4 層 ($≒54kg/m^2$)の天井材を約 14m の高さに天井として設置する際に，下地架構およびその接合部，耐震要素を構造材として設計施工している．この事例では，基本的には天井を吊る要素がなく，鉄骨下地（角パイプやC形鋼）にボード材を直貼りする仕様としている．

重量鉄骨により天井の形状なりの下地を構成し，地震時に下地に生じる水平力は外周の躯体に伝達するよう処理を行うことで，天井下地鉄骨の過大な変位を制御している．

ボードは天井下地鉄骨に直接ビスにより固定している．ボードの重ね貼りの部分はビスどうしの干渉を防ぐため，ボードジョイントの位置を各層ずらしながら接着剤併用で施工している．施工中にビス引抜き耐力のサンプリング試験を実施し，ビス1本当たり 50 倍から 100 倍の安全率を確認している．

(a) 天井下地 地組状況

(b) C-75×45 @300 のボード張り下地

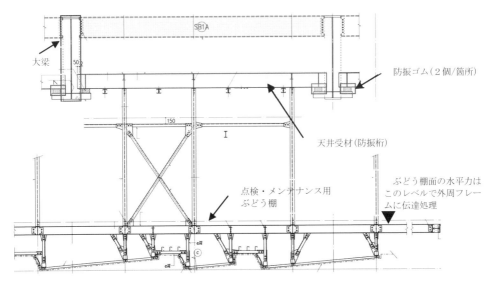

図 2.1.4.10 ホールの天井下地を構造として計画した事例

(3) まとめ

　ここでは，天井下地までを構造として計画・施工された事例を2例紹介した．しかし，劇場やコンサートホール等の音響天井のように質量の大きな天井が必要な場合は，本来はこれを仕上げ材の質量に頼ることなく，PC板など構造部材と同等のレベルで品質を管理された部材を用いて準構造として安全に実現することが望ましい．そして，このような天井の設計では，設計初期の段階から建築・構造技術者と音響技術者が密接に協力して，重量面材の使用材料や形状を決めなければならない．設計者は確実に安全な建物を実現するために，施工精度の確保などの施工性の問題や建設コストの増加の問題まで踏込んだ検討を行うなど，これらの障害を乗り越えなければならない．

　また，ボード材料のビス固定耐力は湿度影響を受けやすく，繰返し外力に対して徐々に耐力低下していく恐れがある．温度変化による強制変形の繰り返しも損傷を広げる要因となる．さらに想定を超える地震動等に遭遇すると，この部位への応力集中と繰返し荷重により損傷する懸念が残る．これらの損傷は目視点検などで把握することは難しいため，天井の重量面材に繊維混入石こう板の重ね貼り等の仕上げ材を用いた場合には，ボード材自体の落下防止対策が併用されることが望ましく，このような点から本指針では，天井面を含めた完全な準構造化を提案している．

2.2　機能維持工法の事例
(1) 在来軽天工法による損傷制御事例

　地震に対する機能維持を目的として，天井ふところ側から行う在来軽天工法の下地補強による損傷制御法は様々な提案がなされている．昨今公表されたこれらの工法では軽量鋼製下地の特性をよく把握し，振動台実験等により性能が確認されたものが多い（図2.2.1～5）．

　これらの工法においてブレースを設計する際，採用する接合部形状によって有効座屈長さを特定したうえで部材選定を実施するのがポイントといえる．原則として下端接合部は接合部材の曲げ変形や滑り等による変位の制御，上端接合部は吊ボルトを中心とした回転運動や接合部の滑り等による変位の制御を実施する必要がある．既成の部品を採用する場合はその特性をよく把握するか，設計外力に対し有効に機能する専用金物を新たに製作し採用することが望ましい．

　紹介した事例以外にも，各天井下地メーカーから「耐震天井下地」等として商品が市販されている．これらの採否は，解説編2.2.4の天井下地計画上のポイントに注意して適用箇所の特性に合った検討を行う必要がある．中には使用条件を見誤ると，大規模な連鎖崩壊が懸念される工法も見受けられる．ここでも各種工法を採用する側の十分な知見が必要となる．

図 2.2.1 損傷制御効果が期待できる天井下地の例①

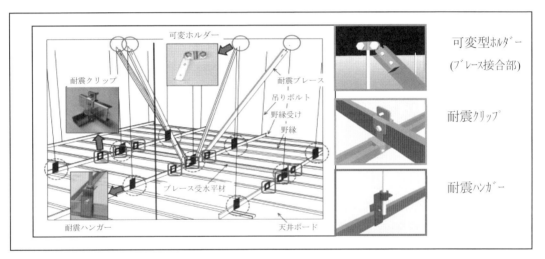

図 2.2.2 損傷制御効果が期待できる天井下地の例②

天井内ブレース補強，天井段差部補強，天井内設備機器ブレース補強を行い，振動台にて実験した．
これらの補強方法により，天井の崩落，天井・壁の被害，設備機器の落下は発生せず，対策の効果が検証された．
天井の慣性力をブレースに確実に負荷させるため，ブレースの上端部の金物や下端部天井材取合い金物がずれることなく，堅固に吊りボルトや天井下地材に固定することの重要性が明らかになった．天井ブレース部周辺は慣性力が集中し，通常のクリップでは野縁方向に天井が滑るため，ブレース周りには滑り止め機能のあるクリップを用いる必要がある．

ねじ式クリップ

段差補強

壁補強

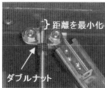
ブレース頂部金物

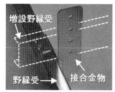
クロス部接合金物

設備機器のブレース補強

図 2.2.3　損傷制御効果が期待できる天井下地の例③

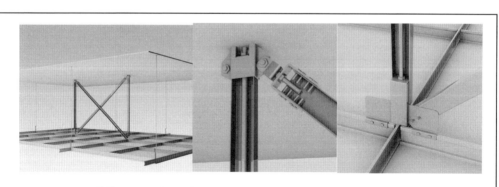

■システムの特徴
- 天井に固定される間仕切り重量の 1/2 を見込む．
- 天井面の位置から設置できる．
- ブレース等の交点では偏心を最小として強度を高める．
- 実験により弾性範囲であることを確認している．
- 既存の天井補強にも転用できる．

図 2.2.4　損傷制御効果が期待できる天井下地の例④

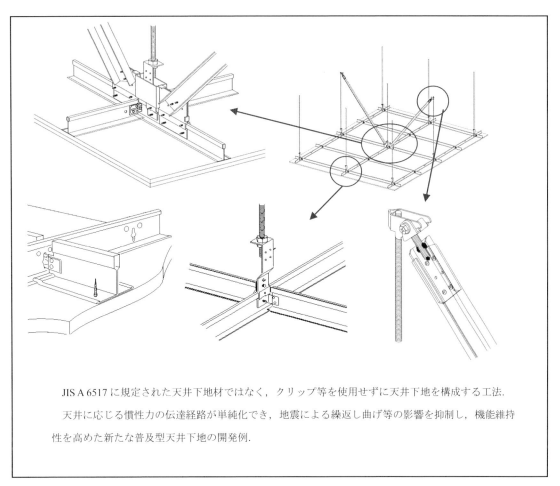

JIS A 6517 に規定された天井下地材ではなく，クリップ等を使用せずに天井下地を構成する工法．天井に応じる慣性力の伝達経路が単純化でき，地震による繰返し曲げ等の影響を抑制し，機能維持性を高めた新たな普及型天井下地の開発例．

図 2.2.5　損傷制御効果が期待できる天井下地の例⑤

(2) 下から支える新たな工法の例

在来軽天工法の下地補強に依存しない，天井下面の室内側から行う損傷制御法の開発なども進められている．人命保護を確実に実現したうえで，様々な工法が開発されることで利用者の選択肢が増えることが望ましい．

ここで紹介する構法は地震時に発生する天井の慣性力を，天井と一体となるよう設けられたケーブル・引張材等の補強材に伝達し，補強材の端部を躯体に緊結しておくことで天井慣性力を躯体に伝達する方法である．

補強材はケーブル等を用いるものや，比較的軽微な鉄骨部材を用いるものなどが開発されている（図 2.2.6〜7）．

既存天井の耐震改修にも採用可能なほか，吊り構造では制御しづらい天井（非常に天井ふところが大きい，等）の機能維持工法としても有効である．

こういった工法を計画する場合の注意点は，天井材と補強材をいかに一体にできるかという点と，天井材が鉛直方向の支持力を失うような場合（クリップがはずれる，吊りボルトが破断する，などして天井の自重支持機能が喪失した場合）天井重量を補強材が負担することになるため，補強材には非常に大きなスラスト荷重が生じる．この荷重に十分注意し，接合部などを含めた設計を行えば，フェイルセーフ機能の一端を補強材に担わせることも可能となる．さらにメッシュやネット等と併用することで小さな部材の脱落の防止も可能と思われる．想定を超える地震時にも天井の崩落を防止し，人命安全を確保し避難を可能とする機能も併せ持たせられる可能性が出る．

放物線状ケーブルによる損傷制御工法

実大実験風景（人力載荷実験）

図 2.2.6　ケーブルによる屋内側からの損傷制御方法の例[1]

図 2.2.6 に示す工法は，天井室内側にケーブルを放物線等の有効な形状となるように金具で天井材に留め付け，ケーブル端部を周辺部の柱や梁などにアンカーするというものである．これにより地震時にケーブルが天井全体に水平挙動を抑制する効果を狙っている．

実験[1]によって，ケーブルの導入張力はわずか 100N 程度でも，天井の最大応答変位は 40%〜70% 程度低減されることが確認されており，水平剛性は導入張力 500N，1000N に対し天井長手方向で無補強時に対し 6.2 倍，8.7 倍に，天井短手方向でそれぞれ 2.2 倍，4.2 倍となる効果が確認されている．

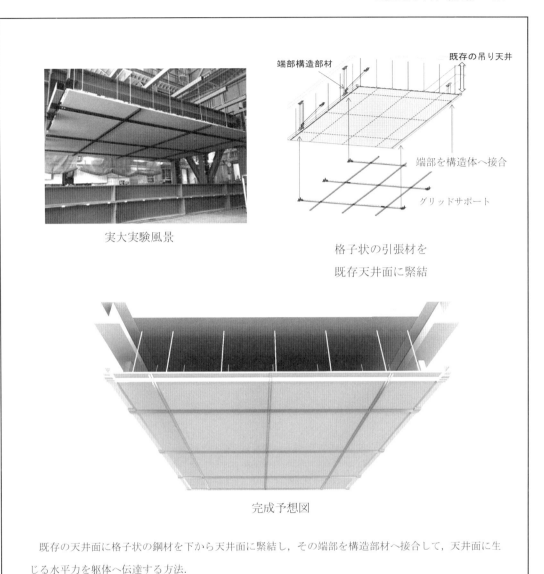

図 2.2.7 鋼材による屋内側からの損傷制御方法の例

　図 2.2.7 に示す工法は，地震時に天井面に生じる慣性力を引張材（軽微な鋼材等）を介して周囲の構造部材に伝達することにより，地震時の天井面の変位を制御し，天井の損傷・脱落の主な原因である下地接合部への繰返し曲げ等の負荷を軽減することができる．ブレースを用いて天井慣性力を躯体に伝達する方法に比べて，より直接的に躯体に力を伝達することができるため，平易な机上計算で部材設計が可能である．

　また本工法は，万一天井が鉛直支持力を喪失しても，グリッド状の引張材によって天井面全体の大規模な崩落を防止する機能を併せ持っている．さらに，下地材の主材に一般普及材（非 JIS

材）を使用した天井で，ブレース等の耐震対策を施していない天井に対しても一定の耐震性能を付与することができる．

文献4)によると，一般普及材で構成した天井（質量 $20kg/m^2$）に当工法を適用したところ，目標とした天井面加速度 3.3G の慣性力に対しても，部材が軽損にとどまり軽微な補修で継続使用可能であることが確認されている．

当工法にメッシュやネットなどを併用すれば，さらに小さな天井および付属部材の落下も防止可能である．

(3) ぶどう棚直張り工法

日本建築学会会館ホールでは，築 30 年を経て内装等の改修時期となった．これに際し，ぶどう棚直張り工法により天井耐震改修を実施した．その概要を紹介する．

図 2.2.8　改修前の建築会館ホール全景

図 2.2.9　改修前の天井内の状況

当施設の天井改修で与条件として示されたのが，

① 既往の天井意匠を継承する

② 「天井等の非構造材の落下事故防止ガイドライン」[5] の方針に準拠した改修とする

③ 休館（閉鎖）日程があらかじめ決定されているため，その時期に工事を完了する

というものであった．

① に関しては，天井仕上げの原仕様は，石こうボード 9.5 mm 捨貼り＋リブ付岩綿吸音板 19 mm であり，照明，空調吹出し，防災設備等がライン状に配置されていた．天井下地は JIS A 6517 材による吊り天井で，人命保護・耐震上の特段の配慮はなされていなかった．吊り長さは約 1400～2200 mm で，天井高さは 5440 mm～6240 mm であった．設計者との協議により，既往のデザイン，すなわちリブ付の岩綿吸音板仕上げを継承することが，検討の前提条件となった．

② に関しては，天井材には落下しても安全な軽量・柔軟材料とするか確実な落下防止対策の実施，天井内設備・天井面設置設備には落下防止対策の実施，さらに会館機能の維持のため，中地震動に対して機能維持可能な状態（無損傷または軽損にとどめる）ための対策を講じることが，検討条件として定まった．

③ に関しては，改修方針策定協議から施工開始まで 4 か月，施工期間 2 箇月が前提となった．（2014年 7 月～9 月改修工事実施）

上記与条件を満足する仕様として設定された仕様が，下記のとおりである．

- 天井仕上げ材は，軽量化のため石こうボードに代わる「軽量不燃発泡複合板」を採用し，意匠的な影響が少ないことを確認したうえで岩綿吸音板は厚さ 19 mm から 15 mm へと変更した．その結果，天井材単位質量は 12.7 kg/m² から 5.8 kg/m² と半分以下に低減した．
- 天井仕上げ材は当指針 2.1.1 に示す安全性評価を行い，的確な人命保護対策を実施することとした．具体的には，安全性評価の結果が最大荷重 2000 N 以下にとどまることを確認したうえで，最大荷重が閾値付近であることから，念のため「軽量不燃発泡複合板」と岩綿吸音板を同時に落下させないフェイルセーフ対策を施すこととした．

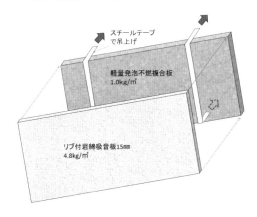

図 2.2.10　天井仕上げ材の構成

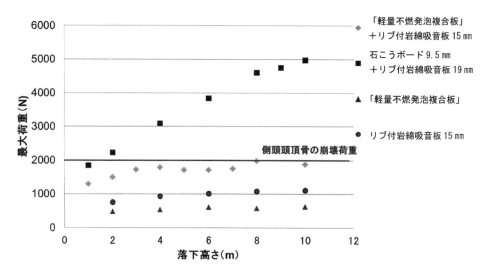

図 2.2.11　安全性評価試験結果

　図 2.2.10 に示すとおり,「軽量不燃発泡複合板」は 0.4 mm のスチールテープで抱き上げるように支持をとり,不測の事態にも脱落を防止する構造を採用した.岩綿吸音板はタッカー＋接着剤で貼り付け,経年による目違い・落下などの日常的な不具合を防止するために 300×600 mm の 1 枚当たり 2 箇所にアンカー効果を狙ったビスを打設した.
・天井下地は,図 2.2.10 の工法で人命保護が確保されたため,軽量天井下地をブレースにより振れ止めし,周囲の構造体からクリアランスをとる方法も検討のそ上に上がったが,天井ふところ内に設備ダクトが多く十分なブレースが設置できないこと,天井に折り上げ段差があり補強または縁切りなどの対策の難易度が高いこと,天井周囲や設備取合い部等にクリアランスを設けた場合,意匠的・性能的な影響が甚大なこと,などから当手法は排除された.
・代わって採用案となった「ぶどう棚直張り方式」は,天井面に生じる地震時慣性力を直接的に本体躯体に伝達する方法で,力の伝達経路がシンプルなため事前の机上検討が容易で,床（天井吊り元）応答加速度に対する天井面の応答増幅も小さい特徴を持つ.また,躯体と天井が一体化して挙動するため,天井周囲には大きなクリアランスを必要としない.

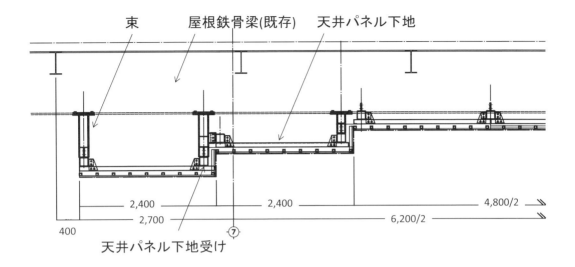

ぶどう棚鉄骨
　　梁に機械的な接合で□-150×150 重量鉄骨を固定し，その下部にC-75×45 軽量鉄骨を野縁状に配置した．この部材に天井，設備を直接緊結する．

　　　　図 2.2.12　ぶどう棚鉄骨の構成

- 天井下地は，上述のぶどう棚鉄骨に直接的に，ぶどう棚面から応答増幅しないように剛に固定することとした．この下地に対してもワイヤーによりぶどう棚鉄骨に落下防止を実施した．

図 2.2.13　天井下地構成（試作施工時の写真）

- 照明器具，空調吹き出し，防災設備等は一体の器具としてユニット化し，これらの支持も天井下地同様にぶどう棚鉄骨に直接緊結した．このことにより天井面と天井設備類の地震時の挙動差をなくし，損傷制御機能を向上させた．

図 2.2.14 ユニット化した天井面設備

図 2.2.15 天井および天井面設備の設置状況

- 採用した「軽量不燃発泡複合板」は,極めて軽量で剛性が高いため当仕様によらない場合でも,その他の軽量素材直接または今回の様にその他の仕上げ材との複合等により,石こうボードを使用するよりも軽量化を図ることが可能である.

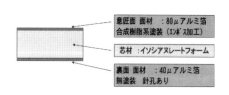

図 2.2.16 「軽量不燃発泡複合板」(試験施工時の仕様)

- 机上検討ではぶどう棚鉄骨や天井下地,設備固定部の耐力等に関してはすべて単純な短期許容応力度設計を実施し,設計・施工に臨んだ.当工法による天井改修は実施例が増えつつあり,実大振動台実験等による妥当性の検証も進んでいる.吊り天井の振動特性を把握し設計する耐震化工法等よりも容易に机上検討が可能である.

(a) ぶどう棚鉄骨と天井下地施工状況　　　　(b) ぶどう棚鉄骨と天井下地施工状況

(c) 天井仕上近景　　　　(d) 天井仕上全景

図 2.2.8 に比較して，ダウンライトの配置が整理されている以外，既存意匠を継承している

図 2.2.17　施工時および完了時の写真

参 考 文 献

1) 中楚洋介，川口健一，大矢俊治，荻芳郎，小沢雄樹，森雄矢：ケーブルを用いた既存天井の耐震補強方法に関する基礎的研究その1~3：日本建築学会学術講演梗概集（東海）20446~8，2012.9
2) 日経アーキテクチュア　2012-3-25 天井は「軽く，柔らかく」　pp.58~60
3) 小澤祐周，川口健一：非構造材落下防止ネットの力学と形状に関する基礎的考察，日本建築学会　構造工学論文集　Vol.56B（2010.3）
4) 櫻庭 記彦，金子 美香，鈴木 健司，内本 英雄，田中 栄次：既存天井の後付け改修用「グリッドサポート構法」の開発：清水建設技術研究所報，2013
5) 日本建築学会：非構造材の安全性評価及び落下事故防止に関する特別調査委員会「天井等の非構造材の落下事故防止ガイドライン」，2013.3 版

付　　録

付録1. 過去の非構造材の落下被害

1. はじめに

　天井落下の危険性については過去にも繰り返し指摘されている．地震時には震度5弱以上の地震で落下し始め，構造被害よりも早い段階から広域で発生するため，人命保護，機能維持の両方の観点から深刻な問題となる．

　地震時の天井落下事故は同時多発的に発生するため注目されやすい傾向にあるが，天井落下事故は地震のない平常時にも頻繁に発生している[1),2),3)]．非地震時の天井落下は予兆もなく突然落下してくる場合も多いため，むしろ地震時よりも危険である．地震のない非地震国でも頻繁に発生しており，負傷者を出した重大事故も多数報告されている．我が国では，2012年12月の中央道笹子トンネル内の天井崩落事故，海外では2013年の英国ロンドンのアポロ劇場内天井崩落事故等が大きな傷ましい事故として報道されている．天井落下事故は地震で発生するのではなく，重力によって発生するため，地球上どこでも発生し得るのである．

　本稿では，過去の地震時および平時における天井落下被害の概要について述べる．

2. 地震における被害

　吊り天井などの室内非構造材の落下事故は，地震時は同時多発的に発生するため，大きな地震の度に報告されており，1923年9月の関東大震災の報告書にも既に記述がある．典型的な在来工法型吊り天井の落下被害に関する報告は，1978年伊豆大島近海地震における体育館の天井の落下事故の調査報告[4),5)]の頃から見られ，その危険性が指摘されている．同年には宮城県沖地震も発生したことから非構造全般の耐震化に対する意識も高まり，本会では「非構造部材の耐震設計施工指針・同解説および耐震設計施工要領」(1985年)[6)]がまとめられている．一方で，天井材や懸垂設備の被害は平時にも発生しており(図1(b))，1988年1月には六本木のディスコで大型照明器具が落下し，3名が亡くなる大事故となった．これを契機に，「懸垂物安全指針・同解説」(日本建築センター，1990)[7)]がまとめられている．

　1994年の北海道東方沖地震と同年の三陸はるか沖地震の際には体育施設や劇場などにおける天井等の被害があらためて指摘されている[8)]．翌年1995年の阪神・淡路大震災調査報告では当会シェル・空間構造運営委員会により大スパン建築の非構造部材や懸垂設備の被害例が多数報告され(図1(a), (c))，非構造材被害の危険性を認識する必要性が高いことが特に指摘されている[9),10)]．阪神大震災では同時に，学校体育館等の避難所としての機能が社会的にも注目されるようになり，避難所の機能維持に対する非構造材の落下事故防止の必要性も議論されるようになった[11)]．1994年と95年のこれらの地震被害により，改めて大規模集客施設の非構造材の危険性が認識されるようになった．

　2001年の芸予地震では天井や間仕切壁の脱落により負傷者が複数発生し，一般にも広く報道されたため，大スパン構造内部の非構造材被害の問題が社会的に注目される契機となった[12),13)]．この被

(a) 1995年阪神大震災時の天井落下

(b) 非地震時の天井落下（2005年）

(c) 音響設備の落下（1995年阪神大震災）

(d) 照明器具落下（2004年新潟県中越地震）

図1. 過去の天井等の非構造材落下事故の例

害を受けて，始めて，国土交通省から都道府県建築行政担当部長宛てに技術的助言が配信された[14),15)]．

2003年7月26日の宮城県沖地震の折には避難所の体育館の天井パネルにわずかなずれが発見され避難所としての継続利用ができなくなり，避難民が避難場所の移動を行ったことが報道されている．さらに，同年9月26日の十勝沖地震では釧路空港出発ロビーの吊り天井が約300 m^2 にわたり脱落，管制塔内の天井も全面的に脱落し釧路空港が機能停止を余儀なくされたことなどが報道された[16)]．2004年10月の新潟県中越地震では，長岡市内の市民体育館の多くで吊り天井などの落下被害が生じた（図1(d)）．この報告で，震度5を超えると天井落下被害が発生し始める傾向について指摘されている[17)]．その後，2005年4月の福岡県西方沖の地震でも同様の被害が発生[18)]，2005年8月に発生した宮城県沖の地震ではオープン間もない水泳場の天井が9割にわたって落下し，30名以上の負傷者が出る惨事となった[19),20)]．その後も2007年3月能登半島沖地震，2008年6月岩手・宮城内陸地震，2008年7月岩手県沿岸北部地震，2009年8月駿河湾沖地震等でも公共施設の天井落下事故が発生している．

表1は2011年3月の東日本大震災以前の近年の地震における主な天井落下被害をまとめたもので

ある.このように,地震による天井落下被害は,程度の差こそあれ日本のどこかでほぼ毎年のように発生していることがわかる.

表1. 過去の地震における主な天井落下被害(東日本大震災以前)

発生年月日	地震名称	被害の概要
1978年1月	伊豆大島近海地震	体育館吊り天井の落下被害
1994年10月	北海道東方沖地震	非構造材の被害
1994年12月	三陸はるか沖地震	体育館等で天井被害
1995年1月	阪神・淡路大震災	非構造部材や懸垂物の落下被害
2001年3月	芸予地震	天井や間仕切壁の脱落.負傷者複数
2003年9月	十勝沖地震	釧路空港ロビーの天井落下.空港機能停止
2004年10月	新潟県中越地震	体育館の非構造材被害
2005年4月	福岡県西方沖地震	大規模ホールホワイエの壁仕上げ脱落
2005年8月	宮城県沖地震	公共プールの吊り天井落下.負傷者30名
2007年3月	能登半島沖地震	体育館の天井の全面的脱落
2007年7月	新潟県中越沖地震	天井材が一部落下・損傷.斜め振れ止め落下
2008年6月	岩手・宮城内陸地震	非構造材に多数の被害
2008年7月	岩手県沿岸北部地震	体育館等の天井材落下
2009年3月	駿河湾沖地震	公共プールのアルミ製ルーバー脱落.一部天井落下

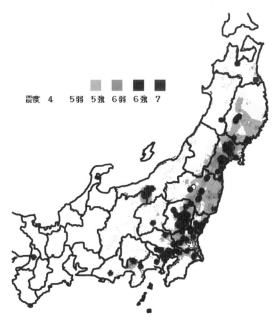

図2. 2011年東日本大震災における天井落下被害と震度分布の関係(●は天井落下被害があった場所を示す)

2011年3月11日の東日本大震災では震度5弱以上の地域が極めて広範囲に渡ったため,その被害数もこれまでの地震とは桁違いであり,その全容は完全には把握されていない(図2).文部科学省の平成23年6月末の調べでは1600棟以上の学校施設で天井落下が報告され,同じく400以上の学校施設で照明落下などが報告されている.国土交通省の平成24年4月の調べでは,天井落下を

発生させた公共施設の数は約 2,000 施設におよび，少なくとも 5 人が死亡，72 人が負傷していたとしている（図 3）．

過去の地震被害調査から，天井等の非構造材の落下被害は，震度 5 弱を超えると発生し始める傾向のあることが経験的に知られており[17]，構造部材の被害に比べて，小さな地震でより広い地域で発生するため問題はさらに深刻となる．東日本大震災においては多くの場所で最初の地震動のピークを迎えるまで 1 分以上かかっていたため，避難行動をとるなど身を護る時間があり，人的被害は比較的少なかったが，一方で天井等非構造材の落下により施設の使用継続が困難になり避難所の不足を招いたこと，ターミナル駅や空港等等の移動輸送の重要施設が被災して救援・復旧活動に支障をきたしたことなど，その社会的影響はこれまでになく大きなものであった．民間企業にとっても，自社の工場や倉庫，事務所ビルが被災することで事業継続が困難になるなど，企業経営上も大きな損失をもたらした．避難経路を塞ぐように落下するなど，深刻な 2 次被害を引き起こす危険性の高い事例も多数見受けられた（図 3(b)）．また，付録 2 のアンケート結果からも推測されるように，本震でダメージを受けた天井が余震で落下したと考えられる事例も多いので注意が必要である．

(a) 劇場型ホールの天井落下被害

(b) 展示場の天井落下被害

(c) 公共プールの天井落下被害

(d) 中学校体育館の天井落下被害

図 3. 東日本大震災における天井落下被害（東京大・川口研究室提供）

3．平時の被害

　地震時のみならず，平時の深刻な天井落下事故も多数発生している．1988年1月には六本木のディスコで大型照明器具が落下し，3名が亡くなる大事故となり，非構造材の危険性について社会的な注目を集めた．2010年6月には新潟駅の通路天井が長さ約10mにわたり落下，2011年10月にはJR新花巻駅新幹線ホームの階段で重さ200kgwの金属製吊り天井が9mにわたり落下した事故や，2011年11月に秋田県内の市民ホールで演奏会の途中で天井が落下し女性が鎖骨骨折した事故が報道されている．

　特に屋内プールなどでは，湿気で天井材が劣化することによりビスの頭が抜けて落下する事例等が多い．2005年11月には埼玉県内のスポーツクラブの水泳場の天井がある日突然，ほぼ全面にわたって落下，2008年1月には豊田市内の水泳場の天井が突然4m×20mの大面積で落下した．2010年11月には岐阜県内の温泉施設で天井が落下し，入浴中の女性2人が軽傷を負った．2012年3月17日，川崎市内のスポーツクラブのプールで突然天井材が落下し，女児二人が軽傷を負う事故があった．2013年7月16日には，静岡県の県営水泳場で，吊り天井が縦約60m，横約5mにわたって落下した（図4）．総重量は約3トンである．幸い落下は夜間であり人的損害はなかった．

　2012年12月には山梨県内笹子トンネルにおける天井板の崩落事故があり，9名の尊い命が失われた．トンネル内構造物ではあるが，確実な人命保護を実現するという発想が欠如している点で建築の非構造材落下事故と共通している．確実に防がなくてはならない事故を，目視や打音検査などの不確実な方法で防ぐことはできない．

　2013年12月には英国ロンドンのアポロ劇場では上演中に突如天井落下が発生し約80名の負傷者が発生している．海外の天井落下事故も枚挙にいとまがない．

　このように，平時の天井落下事故は，ここで逐一挙げることも出来ないほど，頻繁に発生しており，当然非地震国を含む世界中で発生している．そのうち一部はニュースなどを通して報道されている．平時の天井落下は予兆もなく突然落ちてくることが多いため，負傷者を出すなど重大事故に繋がる危険性が高い．

　日本では，高度成長期からバブル経済期を経て，各地に多くの公共施設や大規模集客施設が建設された．それらの施設における天井等非構造材には様々な劣化や損傷が蓄積している可能性があり，大きな地震を待たずとも，ある日突然落下することも考えられる．

　日本は奇跡的な高度成長を遂げた国であると同時に，「課題先進国」でもある．天井等非構造材の落下の問題も世界に先駆けて，正しい解決の道を示しておくことが重要である．

図 4. 平時の天井落下事故の例（2013 年 7 月静岡県内，落下部分の天井総重量約 3 トン）
原因は過去の地震時損傷という説と，温度による変形損傷の蓄積という説がある．

参考文献

1) 川口健一：Forum 震災時の天井落下事故，建築ジャーナル，2005.12
2) 川口健一：大規模集客施設の高所に物を設置するな，建築ジャーナル，2006.2
3) 川口健一：天井の安全学，日経アーキテクチャー，日経BP社，2011.6
4) 深尾精一：1978年伊豆大島近海地震による体育館の天井落下について，日本建築学会大会学術講演梗概集 pp.541-542, 1978
5) 日本建築学会：1974年伊豆半島沖地震・1978年伊豆大島近海地震災害調査報告，1980
6) 日本建築学会：非構造部材の耐震設計施工指針・同解説および耐震設計施工要領，1985.11
7) 日本建築センター：懸垂物安全指針・同解説，1990
8) 日本建築学会：1994年北海道東方沖地震災害調査報告・1994年三陸はるか沖地震災害調査報告，1996
9) 川口健一，吉中進：平成7年1月17日兵庫県南部地震空間構造被害調査報告，1995
10) 日本建築学会他：阪神・淡路大震災調査報告 建築編−3 シェル・空間構造 丸善，1997
11) 石川浩一郎，川口健一，田川健吾，酒井達矢：兵庫県南部地震による学校体育館及び公共スポーツホール等の被害調査報告，日本建築学会技術報告集第5巻，pp.96-101, 1997.12
12) 日本建築学会：2000年鳥取県西部地震災害調査報告，2001年芸予地震災害調査報告，2001
13) 国土交通省国土技術政策総合研究所：2001年3月24日芸予地震被害調査報告-体育館など大空間を構成する建築物の天井落下-，平成13.5
14) 国土交通省：芸予地震被害調査報告の送付について（技術的助言），国住357号，平成13.6
15) 国土交通省：地震時における天井の崩落対策の徹底について（技術的助言），国住指第1427号，平成17.8
16) 国土交通省国土技術政策総合研究所・独立行政法人建築研究所：2003年十勝沖地震における空港ターミナルビル等の天井の被害に関する現地調査報告，2003.10
17) 東京大学生産技術研究所川口研究室：2004年新潟県中越地震震災調査速報，平成16.12，2004
18) 東京大学生産技術研究所川口研究室：福岡県西方沖地震震災調査報告，平成17.4
19) 国土交通省：スポパーク松森における天井落下事故調査報告．2005.8
20) 仙台市：スポパーク松森事故対策検討委員会：スポパーク松森天井落下事故調査報告書．2005.10

付録2. 東日本大震災における天井被害アンケート結果

1. アンケートの目的と調査方法

2011年3月11日に発生した東日本大震災では，非構造材の被害，特におびただしい件数の吊り天井の落下事故が広域にわたって発生，多くの人命を奪い傷つける結果となった．これを受け，本会内に「非構造材の安全性評価及び落下事故防止に関する特別調査委員会」(本委員会)が発足，天井等非構造材の落下事故防止と解消を目指して様々な活動を行ってきた．

本委員会ではその活動の一環として，東日本大震災で発生した天井落下被害の傾向を分析するため，天井被害アンケートを実施した．調査対象は本特別委員会実務者委員の所属する民間企業7社(ゼネコン5社，設計事務所2社)であり，各社の保有する被害事例を集約してデータベース化し，結果を分析した．アンケート項目は，参考文献1) を参考にした．集められた物件数は127件であった．ただし，項目によっては全物件のデータがそろわない場合もあり，また複数回答可の場合もあるので，有効なデータの数はアンケート項目により異なる．

アンケート結果を図1〜24に示す．Nは項目ごとの有効データの数，*は複数回答可の場合を示し，以下で示す割合は，基本的にそれぞれの回答件数を全物件数127で除したものとなっている．

2. アンケート結果の概要

被害建物の所在地は被災3県(岩手，宮城，福島)が中心であるが，関東一円にも広く及んでいる(図1)．被災した場所の震度は震度4以下が0件で，すべて震度5弱以上であった(図2)．これらのデータからも震度5弱以上になると天井落下が発生し始めることがわかる．建設年代は，1981年(昭和56年)の建築基準法改正(新耐震)以後の建物が90%を占めており(図3)，平成17年(同年8月の宮城県沖の地震により仙台市内プールで大規模天井落下事故が発生し，これを受けて国交省より天井の耐震化の技術的助言の徹底が図られた年)以後に竣工した建物も2割強を占める．構造種別はS造が最も多く，S+RCなどSを含むものを合わせれば被災建物の8割に達している(図4)．建物の耐震改修歴の有無については，有が3件のみであった(図5)．

図6は今回の地震で何らかの構造被害を生じたかどうかを示しており，被害有は2割弱であった．多くの建物では構造体は無傷でありながら深刻な非構造材被害を生じている．被災発生の日時は9割が3月11日の本震で被害を生じていたが，本震と余震両方で落下したものは13件，余震のみで落下したものも12件あった(図7)．余震では4月7日23時32分(M7.1，最大震度6強)に発生した地震で落ちたものが最も多い．本震でダメージを受けることにより，余震で落ちやすくなっているものと考えられる．天井落下の状況は部分的な落下が最も多い結果となっている(図8)．

被災した室の用途は，「事務室，会議室，教室」(30%)，「工場」(20%)，「ホール，展示場，食堂」(12%)，「店舗」(12%)の順に多い(図9)．文献1)のアンケートでは体育館などが5割を占めており，今回の調査と対象範囲が異なっていることがわかる．

図10は，(被害のあった階)を(建物の階数)で除したもの(縦軸)と，建物高さ(横軸)との関係を示している．縦軸が1.0のライン上の点は最上階で被害が発生したことを示しており，件数

は 50 件であった．約 4 割の建物が最上階で被害を生じている．

特に顕著な被害の部位は天井仕上げのみが 40%，クリップが 31% となっているが，ハンガー，野縁，吊りボルトなども相当数発生しており，落下の原因となった部位は多岐に渡っている（図 11）．天井落下の発生位置は天井面端部が 59% を占めるが，中央部が落下しているものも 46% に達している．設備機器との取合い部で脱落したものも 34% あった（図 12）．

天井仕上げ材料はロックウール吸音板（50%），石こうボード（43%）あるいは両者の組み合わせが最も多い（図 13）．下地は在来の金属製下地が大半であり，87% を占めた（図 14）．

天井の吊り元については，スラブ（デッキスラブまたは RC スラブ）が約 6 割を占め，C チャンネルと折板などの鋼板製屋根から吊っているものがそれぞれ 25%，18% であった（図 15）．吊り元との接合はインサートねじ込み式のものが 68% と大半，それ以外では接合金物を用いたものが約 3 割であった（図 16）．

天井面の形状については，水平のものが大半であり，段差（24%）や傾斜（13%）を有するものは比較的少数であった（図 17）．

天井落下に影響を与えた設備としては，空調（43%），照明（26%），給排水管（13%）の順に多い（図 18）．建築本体と設備の設計・施工が分離しており，その間の調整が十分でない場合が多いことは以前から指摘されていたが，こと天井においては両者の取合い部における調整不足が落下原因となる危険性が高いことがわかった．

被災時の耐震対策の有無については，斜め材が何かしらの形で設置してある建物が 6 割を占めた（図 19）．一方，クリアランスについては壁，設備との間にクリアランスを設けているものはいずれも 2 割程度，段差部等の剛性変化箇所で設置済みのものは 13% であった（図 20）．

被災場所の広さについては，床面積が 500m^2 を超えるものが 5 割以上を占めている．5000 m^2 を超える大空間も約 8% あった（図 21）．図 22 は，天井仕上げ材ごとの部屋面積と天井高さの関係を示している．石こうボード等の比較的重い天井材で，5m を超える高い箇所に用いられているものも多数見受けられた．

被災後の復旧方法については，原状復旧が 39%，何らかの耐震性を考慮して復旧を行ったものが 38% とほぼ同数であった．それ以外では天井材を除去したものが 3 件，調査時点で被災時のままだったものは 4 件であった（図 23）．

耐震性を考慮して復旧した場合のその具体的な方法については（図 24），ブレースを設置したものが 47% と最も多く，金物補強（15%），クリアランス（14%）がそれに次ぐ．メーカー等で開発された耐震天井システムを採用したものや，天井材を変更したもの，設備を補強したものもそれぞれ数件ずつあった．復旧の方法は多岐に渡っていることがわかる．

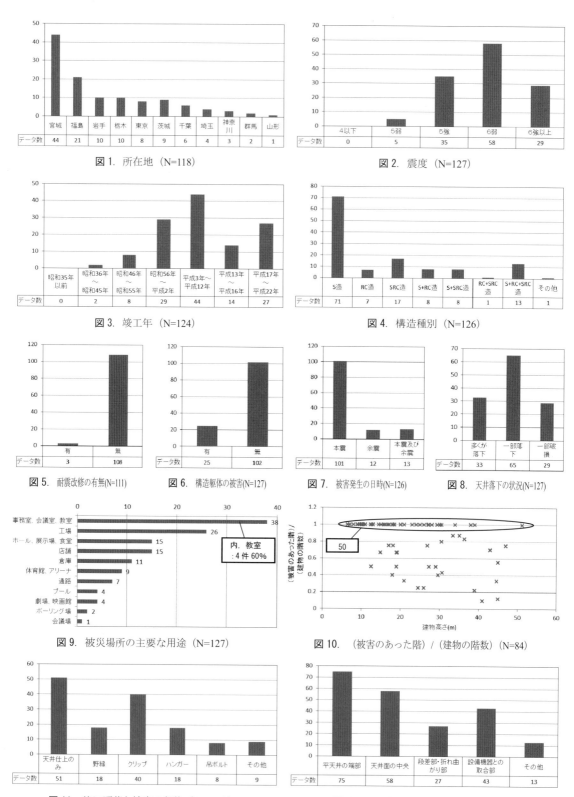

図1. 所在地 (N=118)

図2. 震度 (N=127)

図3. 竣工年 (N=124)

図4. 構造種別 (N=126)

図5. 耐震改修の有無(N=111)

図6. 構造躯体の被害(N=127)

図7. 被害発生の日時(N=126)

図8. 天井落下の状況(N=127)

図9. 被災場所の主要な用途 (N=127)

図10. (被害のあった階)/(建物の階数) (N=84)

図11. 特に顕著な被害の部位 (N=144*)

図12. 天井落下の発生位置 (N=216*)

付録2. 東日本大震災における天井被害アンケート結果

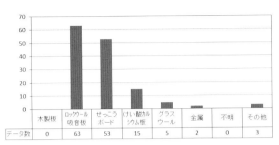

図13. 天井仕上げ材料（N=141*）

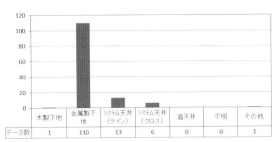

図14. 天井下地（N=127）

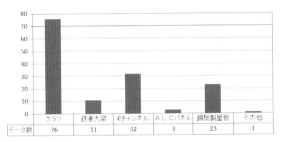

図15. 天井の吊り元（N=146*）

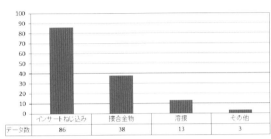

図16. 吊り元との接合（N=143*）

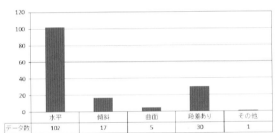

図17. 天井面の形状（N=155*）

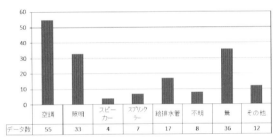

図18. 天井落下に影響した設備（N=172*）

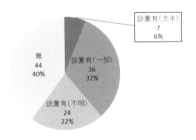

図19. 斜め材の設置状況（N=111）

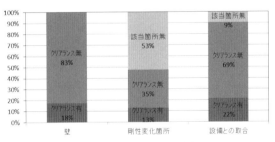

図20. クリアランスの有無

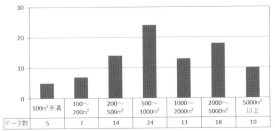

図21. 被災場所のおおよその床面積（N=91）

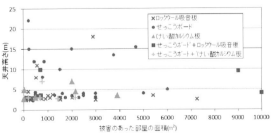

図22. 部屋の面積と天井高さの関係（N=79）

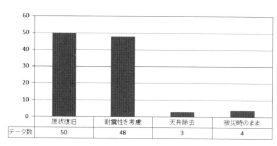

図23. 復旧の方法 (N=105)

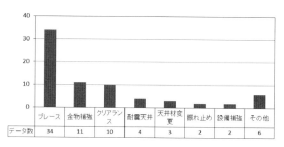

図24. 耐震性を考慮した場合の内容 (N=72)

3. おわりに

本稿では最初に東日本大震災における天井落下被害の概要について示した．また，東日本大震災を受けて特別委員会でまとめられた天井被害アンケートの結果について考察報告した．

謝　辞

天井被害アンケートは，下記の建設会社5社および設計事務所2社の協力の下に行われました．大変貴重な資料を提供いただいたことに深く感謝致します．

　　　建設会社　　　：㈱大林組，鹿島建設㈱，清水建設㈱，大成建設㈱，㈱竹中工務店
　　　設計事務所　　：㈱日建設計，㈱日本設計

参考文献

1) 建築性能基準推進協会：地震被害を踏まえた非構造部材の基準の整備に資する検討　中間報告書，2011.7

付録3. 吊り天井工法の例

天井とは多くの場合，面を構成する天井材と，これを支える下地材と呼ばれる部材からなる．下地材は複雑なシステムを構成する場合もあるが，最終的には天井材と下地材にかかる力を構造躯体に伝達する．天井には多種多様な工法が存在しているが，以下に代表的な吊り天井の工法の例について図示する．

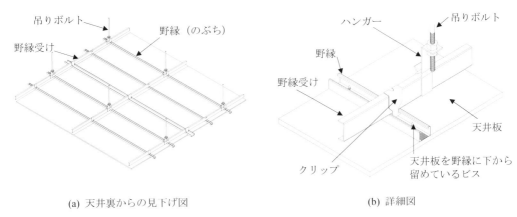

(a) 天井裏からの見下げ図　　(b) 詳細図

図1. 在来工法による軽量鉄骨下地を用いた吊り天井の例

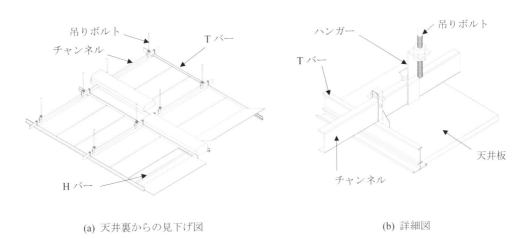

(a) 天井裏からの見下げ図　　(b) 詳細図

図2. ライン型システム天井の例

—192— 付録

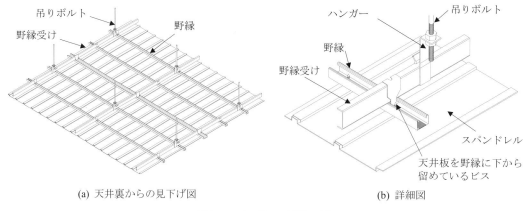

(a) 天井裏からの見下げ図 　　　(b) 詳細図

図3. スパンドレル天井の例

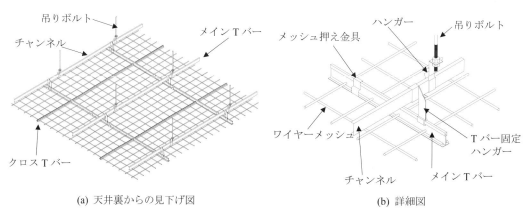

(a) 天井裏からの見下げ図 　　　(b) 詳細図

図4. ワイヤーメッシュ天井の例

参 考 文 献

1)　日本建築学会：構造用教材

天井等の非構造材の落下に対する安全対策指針・同解説

2015年1月20日　第1版第1刷
2015年6月15日　　　第2刷

編　集
著作人　　一般社団法人　日本建築学会
印刷所　　株式会社　愛　甲　社
発行所　　一般社団法人　日本建築学会
　　　　　108-8414　東京都港区芝5-26-20
　　　　　電　話・(03)3456-2051
　　　　　FAX・(03)3456-2058
　　　　　http://www.aij.or.jp/
発売所　　丸善出版株式会社
　　　　　101-0051　東京都千代田区神田神保町2-17
　　　　　神田神保町ビル
　　　　　電　話・(03)3512-3256

Ⓒ 日本建築学会 2015

ISBN978-4-8189-4206-6　C3052